道

わが道を往く

越前　喜六 編著

教友社

巻頭言

共に歩む「道」

イエズス会日本管区管区長　デ・ルカ・レンゾ

私が外国人だからこそ書きますが、アジアの文化にとって「道」は欠かせない概念です。イエスご自身「私は道である」と述べたとおり、道が神様に通じるものでもあります。聖書の古い中国語訳に日本語の「初めに言があった」という箇所を「太初有道」と訳したことも参考になります。日本のキリシタン版にも道の大切さが認められ、「バレト写本」（一五九一年）に、

……その都の内にサン・ジョアン・ダマセノといふ大善人有り、しかも諸道の学びを極め、殊更テヨロギヤ〔神学〕の学問勝れたる上に身持の殊勝道心信心大に超えて善に耀

かるるのみならず、……

とありますように、道という漢字をさまざまな表現に用いました。日本のキリシタンは道とともに育ったとも言えましょう。

基本的に変わらないものでありながらも、道は動きを思わせる、常に変更していくものでもあります。道がある以上、歩んで初めてその有り難さと意味が見えてきます。今はその目的が見えなくても、歩んでいけばたどり着く確信が持てます。コロナ禍によって世界が止まったかのように感じる今年だからこそ道を見失わないことが大切です。去年から世界のイエズス会が新しく掲げた「四つの方向づけ」も、私たちが歩みたい道を示しています。

今回お届けする「道」の記事もそれを書いた人の道とその歩みを表すものですので「道案内」となれば幸いに思います。

今年もさまざまな出来事があっても「道」を共にすることに感謝いたします。皆さんの協力があって成り立つ出版物でありながら、イエズス会と協力者の共同作業でもあります。

これからも皆さんの支えを願いながら感謝と祈りをもって歩みたいものです。

まえがき

人間にとっての究極の願望とは何であろうか。わたしは「救い」だと思う。それは単に人間が惨めな状態から幸せな状態に救われるということだけではない。人間の究極の自己実現とは、主なる神によって「神の似像」（創1・26参照）として創造された人間が、神のようになって、神のうちに憩うことではないだろうか。五世紀の最大の教父、聖アウグスティヌス（三五四―四三〇）は、このあたりの真相をご自身の『告白録』（〈ラ〉Confessiones）の冒頭で、こう書いている。「主よ、あなたは、わたしたちをあなたに向けて造られ、わたしたちの心は、あなたのうちに安らうまでは安んじないからである。主よ、どうかわたしに知らせ、悟らせてください」（服部英次郎訳『告白』上、岩波文庫、五―六頁）。この翻訳文をもう少しわかりやすく言うと、わたしたち人間は、神の似像として、神（あなた）に向けて造られました。ですから、あなたを知り、あなたを愛し、賛美して、あなたと一体になるまでは、本当の意味での安心を得ることができないのです。どうか、主よ、あなたを知り、わたし自身を知る恵みをお与えください。こういう心情の吐露ではないかと思う。

ともあれ、人間の究極の目的が、主なる神との合一であるならば、次に重要な問いは、ではどうしたらそれが可能になるだろうかということであろう。その答えは、主イエス・キリストである、というのがキリスト教の立場である。

最後の晩餐の場で、主イエスは、愛する弟子たちに向かって、「父の家には住む所がたくさんある。……行ってあなたがたのために場所を用意したら、戻って来て、あなたがたをわたしのもとに迎える。こうして、わたしのいる所に、あなたがたもいることになる。わたしがどこへ行くのか、その道をあなたがたは知っている」（ヨハ14・2—4）と言われた。すると、弟子のひとり、トマスが言った。「『主よ、どこへ行かれるのか、わたしたちには分かりません。どうして、その道を知ることができるでしょうか。』イエスは言われた。『わたしは道であり、真理であり、命である。わたしを通らなければ、だれも父のもとに行くことができない』」（ヨハ14・5—6）。

これこそ、決定的な救いの神秘なのではないだろうか。イエスに随順し、それに従って生きるとき、自ずと真理と命と表現された主なる神と合体することができるのではないだろうか。いわゆる真正の意味で救われるのである。

こう申し上げたからと言って、他を排斥するわけではない。父（神）の家には住む所がたくさんある、と主イエスが言われたではないか（ヨハ14・2）。だから、他にも多種多様な道があろう。何も驚くことはない。なぜなら、万物すべては、神の創造であり、神の顕現にほかならないからである。

本書は、キリスト教の立場でそのための道を探求しているが、仏教や文学の道も排除していない。聞き飽きた言葉かもしれないが、「わけ登る麓の路は多けれど、同じ高嶺の月を見るかな」である。道には険しい道、易しい道、遠い道、近い道などいろいろあるだろうが、道には変わりがない。迷路でない限り、一歩一歩と道を歩んで行くならば、必ず目的地に到着するであろう。

本書も、主にイエズス会士が執筆にあたっているが、題材はさまざまで、書き方もいろいろなので、興味深い内容になっている、と編者は考える。

目次の配列は、編者の了承の下に、発売元がしたものである。優劣で決めたわけではない。最初の筆者は、デ・ルカ・レンゾ師で現在、イエズス会日本管区の管区長である。二〇一九年に教皇として二番目に訪日された教皇フランシスコ（二〇一三年三月一三日、第二六六代ローマ教皇として就任、一九三六年にアルゼンチンの首都ブエノスアイレスで生まれた。イエズス会士）は、かつてアルゼンチンでレンゾ管区長の長上、院長や管区長であった。そういう関係もあり、訪日中は、いつも傍に付き添い、通訳を兼ね、いろいろとお世話をされた。そういう関係で、「パパ・フランシスコの道」として、教皇フランシスコの人柄、指導法、統治法など貴重なお話を達者な筆致で興味深く書いておられる。

次のホアン・アイダル師も同じアルゼンチン人であり、ＳＪハウスの院長でもあるので、教皇フランシスコの在京中は、イエズス会修道院やＪ大学を案内され、また有志の教職員・学生たちへの講演を設定された。本書には、哲学者として「人生行路の諸段階」という題名で、デンマークの哲学者、セーレン・キルケゴールの人生論について興味深く論じておられる。

越前喜六師は本書の編者でもあるが、Ｊ大学に「人間学」という科目を設置した発案者でもあるので、人間学の立場から「道」の問題を論じている。またキリスト者でもあるので、神への道は、主イエス・キリストであるという深い信仰が、その思想の根幹にある。が、「道の人間学」という時には、キリストが神への道であると論じるだけでなく、道は志をもって歩かなければならないと主張する。

菅原裕二師は、ローマにある教皇庁立グレゴリアン大学の教会法学部の教授であり、長年にわたってカトリック教会の総本山ともいうべき教皇庁やヴァチカン市国とも深い関わりがあったので、彼の知見は具体的かつ体験的で大変興味深いものがある。一般の日本人は、ローマ聖座やヴァチカン市国を単なるカトリックの総本山に過ぎないと考えている。また、イスラエルやユダヤ教をわれわれ日本人とはあまり関係がないと思っている。ところが、数回イスラエルやローマを訪ねていると、ヴァチカンやイスラエルが歴史的にも現代の世界情勢や国際政治や国際経済においても、その最深部において、いかにイスラエルやユダヤ教、ヴァチカン市国やローマ聖座の影響が良きにつけ、悪しきにつけあるかを知ることができた。だから、この記事をきっかけにまずローマ聖座やヴァチカン市国のことを理解することが大切だと思う。特に政治家や文化人や経済人は読んで欲しいと願う。日本人が一般にインテリジェンス（国際情報）や外交に弱いのは、宗教を軽視し、イスラエルやローマのことに関心が薄いからだ、と考えるものである。

　片柳弘史師は、現在、宇部市にあるカトリック教会で宣教・司牧にあたっている新進気鋭の神父であるが、大学生のとき、ボランティアとしてインドのコルコタで、マザー・テレサ（現在は聖人）の活動を手伝っているうちに、マザーの影響と指導でイエズス会士になった人である。そういう直接、マザー・テレサと出会い、その薫陶を受けて神父になった師の聖マザー・テレサが示すキリストの道は、非常に興味深い内容になっている。

　角田佑一師はJ大学神学部の教員である。若手のホープとして神学部を支えているが、教義神学の立場から「神における『道』」という問題を論じておられる。大変興味深い内容であると共に、難しい事柄を非常にわかりやすく丁寧な文章で解説されている。

英隆一朗師は、現在、東京の四谷にある聖イグナチオ教会の主任司祭として多数の信徒を霊的に導いておられる。本稿「私の歩んできた霊の道」では、ご自身の歩まれた霊的道のりを大変謙虚にそして素直に語っておられ、その姿勢には感銘を受けられるであろう。特に新型コロナウイルスの感染拡大の中でいかに苦労して教会を守り、信徒を牧されていたかは想像に余りある。

フィルマンシャー・アントニウス師は、インドネシア人でイエズス会の神父であり、J大学の神学部の教員である。専攻は典礼学であるが、本書には「インドネシアにおける宗教――政治的アイデンティティ？　それとも神への導き？」という少し変わったテーマで執筆されている。というのは、インドネシアでは、国家の安定や発展のためばかりでなく、国民の平和と安全、教育と倫理のためなど多方面にわたって宗教の意義や働きがあることを説いておられるからで、大変興味深い内容であると思う。

山内保憲師は、日本に住む外国人の子どもたちが充分な教育を受け、日本語を習得するだけでなく、文化的にも職業的、つまり社会的にも一人前の人間として生活し、就職して安定した生活ができるよう助けるための学校を設立し、活動できるよう運動しておられる。編者自身よくわからないので、「『外国につながる子どもたち』を支えるために」と題しての記事を依頼した。本稿で筆者は、わかりやすく、しかも説得ある筆致でその必要性を説いておられる。

これまでは、筆者が皆、イエズス会士であるが、後の二編は外部の著者である。いずれも編者と親交のある方々なので、非常にご多忙であるにもかかわらず、快諾してくださった。深く御礼申し上げる次第である。社会の事象や人生の諸相は、見方によって多様な姿を現してくれる。イエズス会士の見方、それも一人ひとり違うが、それでもイエズス会士としての立ち位置というものがあるので、そこには共通するものがある。その点、文学者には文学者の立ち位置があり、仏教者には仏教者の立ち位置があると思う。

大輪靖宏氏は、国文学者であり、上智大学名誉教授でいらっしゃる。俳句の師匠でもあり、全国に多くの俳句のグループをお持ちである。先生の俳句集のご恵贈にあずかったこともある。今回は数回も固辞されたが、宗教に関係なく気楽にご執筆願うということで、ご多用にもかかわらず、ご快諾を頂き、大変興味深いお話「私の文学の道」という玉稿をお寄せくださった。じっくりと味読されることを希望するものである。

角田泰隆師は、仏教学者で駒澤大学仏教学部の教授でいらっしゃるが、同時に曹洞宗の僧侶として、長野県の伊那市にある由緒深き常圓寺の住職もなさっておられる。また、五〇年以上も続いている「禅とキリスト教懇談会」のメンバーとして長年、親交を深めさせていただいている。また、道元禅師の『正法眼蔵』の大家として仏教に関し、特に禅宗についてのご教示・ご指導を賜わっている。今回はご多用の中、本書のために、「僧侶として歩みしわが道」という題名で、ご自身の自叙伝風の内容を大変親しみやすい、優しい文章で書いておられる。キリスト者としてわたしは、日本の仏教者から多くのことを学んできたが、これからもそれは継続すると確信している。感謝のうちに、多くの読者にも推薦するものである。

本書はシリーズとして出版しているものではない。それは当初からイエズス会管区長から言われてきたことである。だから、一期一会の気持ちで毎年の一冊に精魂を傾けて刊行してきたつもりである。それで多忙な活動の中にも、快く協力してくださったイエズス会の筆者にまず深甚の謝意を表するものである。さらに、宗教とは関係なく、個人的な友情でつながっておられる筆者の先生方には、ご多忙にもかかわらず、ご快諾を賜わり、心から御礼申し上げる次第である。

なお、最後に書物の意義について、私見を述べさせていただく。近年はインターネットの発達で、書籍は売れないし、不要であるという声も耳にする。しかし、新聞、雑誌、パンフレット、インターネットによる検索など情報知には事欠かない。が、本来、人間に備わっている知恵（叡智）というのは、潜在的な能力として眠っている。外部から入ってくる情報知は、インプットされた知識に過ぎない。それがいくら百科事典ほどあったにしても、単なる物知りに過ぎない。無智は最悪としても、単なる物知りやクイズ王は、「救い」にはならない。知識が掘削機の役割をして、眠れる知恵を呼び覚ますとき、知識は知恵となり、知恵は愛を促し、救いの命へと導くのである。そのための道具の一つが、書物なのである。本屋で生まれ、育ち、社会人として出版業に携わってきたわたし自身の体験からも、それは断言できる。本を良く読む人が賢くなり、幸せになっていくのは、想像力が豊かになり、想像力が感情を喚起し、感情が内外の世界を創造していくからにほかならない。

編著者

二〇二〇（令和二）年九月二二日　秋分の日

目次

パパ・フランシスコの道

デ・ルカ・レンゾ

パパ・フランシスコの来日は多くの人に希望をもたらしたと言ってよいでしょう。同時に、その後のコロナウイルス関係によって教皇来日の意味を味わいきれなかったことも否めません。どちらも稀な体験であり、それをどう活かすかが問われますので、ここで教皇フランシスコの道について考えたいと思います。

歴史を背負った道

教皇フランシスコは日本を訪れた二番目の教皇ですが、日本と教皇の関係はキリシタン時代から始まり、活発に行われてきました。日本キリシタン宛の教皇書簡一五七三年～一六二六年、合計二六通あり、ローマ教皇宛、キリシタンの奉答書、合計五通（一六二〇～一六二三年）が現存します。いわゆる「キリシタン大名」の大村純忠、大友宗麟、高山右近などは、四五〇年あまり前、既に当時の教皇たちと文通を交わしていました（Hubert Cieslik, S.J.「キリシタン宛の教皇書簡」『キリシタン研究』第二三輯、吉川弘文館、昭和五八年、二一五―二七六頁を参照）。天正少年使節は当時の教皇二人に謁見して（一五八五年）からは更に教皇と日本との親しさが深まりました。その親しさを表すものとして、高山右近宛、シクスト五世教皇書簡の一部を引用します。

> 神を敬い心から仕えるキリスト者は、いさぎよくこの世でのつとめを捨て、またこの世の富に頼らず、苦しみを主から与えられた恵みとして受け入れ、聖性への道をまっとうしようとします。あなたはその模範を本当によく示してくれました。追放という身分から逃げ出すことなく、築き上げたすべての富を失っても、毅然として、神を信じて生きる態度は揺らぐことはありません。あなたは神への義のために、あらゆる欠乏のなかで信仰・希望・愛を育んできました。キリストの教えは、見た目にはいのちが軽んじられるような殉教という証しによって広められてきました。あなたは追放という境遇をとおして、そのことを本当によく示しています。（一五九〇年四月二四日付）

それから三〇年あまりが経っても日本のキリシタンたちがパウロ五世教皇宛の奉答書を送り、その達筆な日本語とそのラテン語訳は現代もヴァチカン文書館に保管されています。文通を交わせなくなった潜伏時代を通しても「ぱっぱ丸じ」、「ハッパ丸じ」、「パッパマルテレ」（Papa Martyr, 殉教した教皇）の伝承、また「パパ様の船」という口伝で教皇が宣教師が乗船する船を送ってくれることを歌ったり、屋根裏に集まって世界の教会のために祈ったりしました。長い年月が過ぎても、キリシタンたちは教皇との関係が見える形になり、互いに出会う時代の希望を次世代に託しました。見事に「信徒発見」（一八六五年）でその成果が現れました。しかし、その後、しばらくの間迫害が続き、それを知った教皇ピオ九世教皇が激励の書簡（一八七一年）を送りました。

　驚くべき出来事、司祭なしに、隔離された状態で、信仰が消えることなく、懸命に先祖から頂いたその信仰を次世代に伝えられたこと。驚くべき出来事、聖霊の喜びによって福音の光が伝授され、厳しい迫害にも代々の殉教者たちの記憶が保たれたこと。（Leo Magnino "Pontificia Nipponica" II Roma 1948, p.65 より拙訳）

その後、一九八一年にヨハネ・パウロ二世教皇が訪日を遂げ、日本中の注目を浴びました。当時、長崎で、

きょう、ローマの司教であり、ペトロの後継者である私ヨハネ・パウロ二世は、数世紀前、この丘の十字架か当時の目撃者たちに語りかけたように、この記念碑が現代人の心に訴え語りかけるようにと願いながら、この西坂を訪れ祈っています。全世界にむかってこの記念碑が、愛について、キリストについてたえず語り続けるようにと願っています。（一九八一年二月二六日）

と述べ、日本と世界の連携を強調しました。

ここまで見ましたように、教皇と日本の交流には長い歴史あって教皇フランシスコの訪問が勧められました。日本に来るまでの経過とその発表の仕方（ローマを訪れた一般団体謁見の場）を見ても普通の外交行事ではなく、国民との触れあいを中心にして考えられていたことがわかります。

フランシスコ教皇になったホルへ神父の道

世界と日本のメディアでは、教皇フランシスコの特徴的なところに関心が高いようです。「南米初の」「イエズス会初の」などのラベルで、前教皇たちと異なる部分を強調してきました。しかし、三年近く彼と共に生活した私から見れば、どちらかと言えば教皇フランシスコには「一般人」、「庶民的」な感覚があり、いくら高い地位についたとしても、その感覚を失いたくないことこそが彼の特徴だと思います。

現教皇はアルゼンチンのコレヒオ・マクシモ院長だった時、神学生の私たちに、周囲の貧しい家庭を訪問し、彼らと話し合うこと、子供たちとサッカーをすることなどを勧めていました。勉強を大事にしながら、「一般人」の感覚を保ち、彼らから学ぶことを繰り返して教えて下さいました。それに従って、週末に神学生たちがそれぞれの場所に行って、教会の手伝いをしていました。子供たちの要理、ミサの手伝い、祭りの準備など、天候などと関係なく毎週していました。ホルへ神父は子供たちが教会に来るのを待つのではなく、私たちが一人ひとりの家に行って教会に連れてくるように指示しました。親はともかく、子供たちは日曜日の朝に教会へ行くより、寝たり遊んだりしたかったので、最初に嫌われ者になった気がしました。しかし、そのやり方が定着し、子供たちも一緒に家を回ったりすることが楽しくなり、仲間意識が増え、「教会が私たち皆の家だ」という感覚が出来上がりました。その地域から神父や指導者になる人も出て現代でも活発な地域です。思い出してみますと、その時私はホルヘ神父のやり方に納得いかないこともありました。しかし、日本に来て宣教師の生活を送り続けている間、その養成の大切さを感じるようになりました。というのは、育てられた環境とだいぶ異なった日本では、大人や知識人ではなく、子供や庶民にも通じない経験をしたからです。そうすると、いくら良い考えが浮かんだとしてもそれを日本語で伝えることができなければ、宣教ができないことに気づかされました。宣教師は誰でもそうでしょうが、私にとって危機的状態が長く続き、諦めた方がいいと思ったりすることもありました。その時期に心の支えとなったのはホルヘ神父の教えでした。つまり、庶民的な感覚を持って、自分で言いたい、伝えたいことではなく、言える、伝えられる範囲のことを伝えればいいという気づきとなりました。私にとってはそのホルヘ神父の想い出が日本語に困らない今でも心の支えになっています。おそらく、今でもフランシスコ教皇は講義や正式な場での話より、訪問先で子供たちなどと出会うときのほうが生き生きしていると思います。それは彼の教えとそれを基にした生活によるものでしょう。

不動の教会から変動する教会へ

ホルへ神父が司教になったとき、教会（建物）がなかった地域にも神父が行ってテントを張ってスラムの皆さんと会って、洗礼や赦しの秘跡を与えたり、ミサを捧げたりするようにしました。当時まで「信者が教会に来る」という典型的な感覚を「教会が信者に会いに行く」という姿勢に変え、教会との関係を失っていた人々が教会の差し伸べた手を見える形にしました。今回のテーマで表現すれば、教皇フランシスコは民と教会をつなぐ道が変わらないが、その歩む方向が変わるように指導しました。考えとしては理解しやすいでしょうが、実行に移すことが難しくて意外に反発を招く動きでもあります。というのは、長い間、「来たければいつでも教会が迎える」、つまり「開かれた教会」が一つの理想とされてきました。しかし、教皇フランシスコがその姿勢では足りないと強調しています。多くの人が出入りする教会ですので、形を決めて活動することが必要でしょう。しかし、そうすることによって信者に教会が決めた時間、場所、スタイルを強いることになります。建物に関して言えば、それぞれの教会がその時代に合わせて建設されます。時間と文化の変動によって教会が取り残されてしまうこともあります。その結果、今は人が住んでいない所に教会が建っていたり、多くの人が住んでいる所に教会がなかったりする現象が起こっています。建物だけではなく、用いられる言葉や文化も同様です。一例として、ある時期、神がどれほど人間と異なった存在であるかを表すために民衆と祭壇の距離を伸ばしたりしましたが、現代では「民と共にいる神」、「共に住む神」が強調され、丸形の聖堂が増えました。しかし、第二ヴァチカン公会議から八〇年間近く過ぎてもまだそれを表しきれない一部の教会があります。教会は「聖職者主義」の道から「共に歩む」道に繋ぐこと、それは教皇フランシスコが「改革」したいところの一つです。これについて教皇の演説、説教などたくさんありますのでここで繰り返す必要がないでしょう。

想像力は宣教の力

上述の通り、現教皇は想像力に長ける人物です。有名になった「焼き場に立つ少年」の写真は戦争を描いた多くの写真の目立たない一枚に過ぎません。教皇フランシスコがその一枚だけを取り出して、「戦争がもたらすもの」のカードにして配るところに天才的なひらめきを感じます。教皇は長崎でその写真を撮った人の親戚に会ってその貢献を世界に伝えたように思います。「若者についてのシノドス」に司教たち以外、多くの若者を招いて参加させたことも現教皇になってから初めてで、歴史的なことだと思います。同じように、若者が教会に来ることを待つよりは、教会が若者に出会いに行く姿勢を表しています。参加者によれば、毎日朝から教皇が皆さんと一緒に参加し、コーヒーを飲んだりして親しさを感じさせました。アメリカのフィラデルフィアで囚人たちに話したとき、

> 神様が赦しますから、私が赦さない資格がありません。人生の旅路では足が汚れます。ホコリだらけの道なんです。洗う必要があるのは「ある人々」だけだと思う人がいます。それは悲しいことです。そう思う人は、その「ある人々」の汚れ、疲れ、疵は、この社会の汚れだと気づく必要があります。イエスの行いはそれをはっきり示します。「食事中」で立ち上がって足を洗い、また食卓に戻ります。その食卓はすべての人のためであり、すべての人が招かれています。

このように、現代社会の偽善的なところを暴きながら、施設で苦しんでいる人々への理解を示しました。

教皇がカトリック教会とヴァチカン国の代表として来日しました。それに従って、国の代表として天皇陛下や総理大臣に会ったり、教会の代表として司教団と信者に会ったりしました。限られた時間の中、教会関係の行事に割いた時間が明らかに長かったことを見てもその

姿勢がうかがえます。何よりも牧者としての役割がフランシスコの道です。与えられた能力を全面的にそれに注ぐ姿こそ感動を与えます。日本でのすべて集会で、一方的に話すのではなく、まず人々の話を聴くことから始まりました。技術的に考えれば教皇が先にそれらの文書を読み、その場で語らないほうが時間の節約になったでしょう。しかし、教皇は、あえて集まった人々とそれを映すメディアを通して見る人々が皆、その話を聴く「場」を作りました。普段注目されない人々の話を教皇と世界が聴くこと、それこそイエスの道でありそれに従う司牧者が示す道です。

コロナウイルスの影響でこの大事な稀な体験が忘れられそうですが、教皇来日の想い出を大事にしましょう。前から教会内外でもこの訪問に関する賛否両論がありました。世界で教皇が訪れたことがない国がたくさんあると思うと、申し訳ないとさえ思えます。やはり、教皇の来日とその内容は本人とその補佐たちが深い理由があって決まるものであり、日本側の誘いは外面的な表れに過ぎませんでした。世界のメディアも教皇フランシスコがわざわざ日本まで行って話したいことや、会った人々にも関心を示しました。フランシスコ教皇は「すべての命を守るため」に日本への道をたどりました。一般のメディアは、他の国こそそのメッセージが合致すると伝え、その表現は「日本で命が守られていない」かのような、否定的な捉え方さえありました。しかし、訪日が終わって今から振りかえてみれば、一国に限りませんが、日本こそ「限られた命」ではなく、「すべての命」を守る力強い呼びかけであったように思います。

日本でのパパ・フランシスコの活動を受け入れて実行に移して初めて使命を果たすことになります。教皇フランシスコが日本でのメッセージが伝わるようにこれからも関わりたいと思います。

人生行路の諸段階

ホアン・アイダル

「人生行路の諸段階」とは、デンマークの哲学者セーレン・キルケゴールによって書かれた本のタイトルである。このタイトルはキルケゴールが多くの著作の中で伝えようとした理論を表現しており、それは彼とは時代も場所もまったく異なる世界に生きる私たちにとっても大変有用であると思われる。

キルケゴールは、それぞれの人間は唯一の存在と考える。したがって、万人用の一つの生き方というものは存在しない。それぞれの人間が自分自身の道を見つけなくてはならない。ゆえに、人間にとって正しく生きるということは、それぞれ異なる唯一のものであることを意味する。キルケゴールは、生きるとは「自身の名を探求すること」であり、この世界で唯一私が果たさなくてはならない使命とは何なのか、私は何をするべきなのか、どのように生きなくてはならないのか、ということを知ろうとすることであるという。我々人間が生きていく上で最もよく行う過ちはまさに、このことを忘れて「我々自身の名」を見つける前に探求をやめてしまうことである。

人間のこの世界における最も重要な努めは、「自分自身になる」よう努めることである。これは我々が普段あまり考えないことである。人間の多くは、人生における我々の最も根本的な努めとは、幸せになろうとすること、あるいは愛されること等であると考えている。キルケゴールはそうではなく、意識的・無意識的を問わず、人間は常にもっと深いアイデンティティー、あるいは使命（自分の名）を探していると考える。

キルケゴールは人間は、自分の名が見つからない間は穏やかに生きることができない、そして、多くの人間が人生について感じる失敗や挫折の感覚は、この根本的な問題が未解決であることから来ていると考えている。

彼の著作『人生行路の諸段階』は、主にこのテーマについて扱っている。我々の人生の道は唯一無二のものである、ということが示すこと、我々が唯一の道を歩む際によく立ちはだかる誘惑とは何なのかということ。キルケゴールのように、自身の人生の道を責任を持って正直に歩いた人の例は、我々に我々の名までは告げることはできないとしても、それを見つける助けになるだろう。

キルケゴールの思想についての詳細に入る前に導入として、彼は人生の道について話す際、次の二つのことを前提としていたということに言及しておく。

1. 人生は思想に先立つ。“Primum vivere deinde philosophari”「先に生きる、次に哲学をする」。これはキルケゴールの哲学観によくあてはまるラテン語の格言である。

2. キルケゴールは、人生を生きる方法は基本的に三つあると仮定している。キルケゴールはそれらを「三つの段階」と呼ぶが、それは「人生に対する三つの態度」と呼ぶことも可能である。これらの三つの段階、あるいは態度とは、美的段階、倫理的段階、宗教的段階である。

これらの三つの段階、もしくはあり方とは、人間が自分の人生の意味、真の自分、人生を構成するかけがえのない努めを見つけるための三つの異なる試みに他ならない。

以下、その詳細を見ていこう。

美的段階

人間が自分のアイデンティティを見つけようとして、歩もうとする最初の道を、キルケゴールは「美的段階」と呼んでいる。この段階で人間を導く原則は、二つに要約することができる。「快楽に忠実であること」、そして、おそらく最初の原則の結果でしかないことは、「責任を避けること」である。

自己への忠誠の最高表現としての快楽への忠誠は、思想史の中で数え切れないほどの表現を知っている理論である。美徳を快楽と同一視したエピクロス（前三四一―二七〇）の哲学から、自己犠牲がない限り他人を助けることを推奨する現代の哲学者ピーター・シンガー（一九四六―）まで、一連の快楽主義者たちは、人生において自分自身の幸福以上の目的はないと私たちを説得しようとしてきた。

スペースの問題として、そしておそらく私たちの時代にとって重要なこととして、私は美的段階で人間を導く第二の原則、すなわち「責任を取らないこと」についてだけここにコメントしたいと思う。

エピクロスの哲学が、美的段階で人間の人生を導く第一の原則「快楽に忠実であれ」をうまく表現しているとすれば、第二の原則「責任を取らないように」を最もよく表しているのはロマン主義である。ロマン主義においてこのような考え方の誘惑と、それがいつの時代も人間に及ぼす魅力を最もはっきりと見ることができると思われる。

キルケゴールが人生に対するこのような態度を記述する際に提示する多くの例には、共通しているものがある。具象的で特殊なものへの軽蔑と、一般的なものへの高尚な賞賛である。

キルケゴールが美的段階のこの特徴を説明するために提示する例の一つドン・ファン[1]は、神によって作られたものの中で女性より美しく、魅力的なものは何もないと確信している。しかし、彼は誰とも結婚しない。このように一般的なものや理想に惹かれているからこそ、快楽主義者は自分が優れた存在であり、一人の人間だけに愛を限定することができないほど愛に溢れた存在であると信じているのである。あるいは、私たちの自由を奪うことができるあまりにも親しい友人、特に結婚する人への軽蔑。「友情に用心するがよい……決して結婚生活にはいってはならない。夫婦は互いに永遠の愛を誓う。これはまことに安易なことであるが、あまり意味を持たない[2]」。

私は、ロマン主義の現象、特にロマン文学の現象を、フランスの著者ドニ・ド・ルージュモンの著作『愛について——エロスとアガペ[3]』以上に明確に説明している本を知らない。著者はさまざまなロマン的物語を分析し、これらの作品を「ロマンティック」にする共通点を説明する。おそらくこれらの物語に共通している特徴の一つは、必ず見られる主人公の死である。主人公の「必然的」な死である。トリスタンは死に、そして彼の恋人イゾルデもまた死ぬ。ロミオが死ぬと、ジュリエットも死ぬ。そして、映画『タイタニック』から日本の人気小説『世界の中心で愛を叫ぶ』まで、現在のものも含めて、私たちが知っているロマンスはすべて同じことが起こる。

しかし、なぜ恋愛カップルの登場人物の一人が必ず死ななければならないのだろうか。なぜロマンチックの作品に死が「必要」なのだろうか。これらの作品の主人公は、特定の人を愛することはないが、「愛そのもの」を愛しているか、「一般的な愛」を愛しているからであろう。だからこそ、男女の愛は常に「一般的な」「理想的な」、言い換えれば「無責任な」ものであり続けなければならないのである。そして、本来ならお互いを欲しているはずの二人がまた一緒になるのを防ぐには、二人のうちの片方、できれば両方を殺すしかないのである。

恋愛小説で私たちを惹きつけるのは、まさにその責任のない愛、「自由な愛」である。もしロミオがジュリエットと結婚したら、物語の魅力はすべて消えてしまう。一方、ロミオがジュリエットと結婚した場合は、すぐに別れることが想定される。なぜならロミオが具体的で欠点の多いジュリエットには興味がないからであり、一方ジュリエットは男全般、あるいは先ほど言ったように「愛そのもの」を愛しているだけであり、ロミオという男ではないからである。時々機嫌が良くて時々機嫌が悪くて、もしかしたら寝るときにいびきをかいているような男ではない。

単に誰もロミオとジュリエットが結婚することに興味を持っていない。映画「タイタニック　パート2」が製作され、実はジャックは死んでおらず、二人とも無事で、二人が結婚した場合、私たちはがっかりするだろう。私たちにとって魅力的に感じられるのは、決して具体化されない愛である。それは、文化的規範によって「禁じられた」愛（「一般的な愛」は愛ではないとすべての文化が知っているため、禁じられている）が、私たちを巨大に惹きつけ、人生の限界に対する子供じみた反抗心を私たちの中に呼び覚ましてくれるからである。

これらの作品の作家たちが、登場人物が結婚しないように実現させる努力を見るのは、滑稽である。誤解とか、行き違い、魔法、病気といった手段を使う。そうしたあらゆる方法が置かれているのは、ただ一つの重大な目的のためであり、それは主人公を殺すことである。

そして、私たちが今述べたような美的態度を多くの現代社会の現象と関連づけることは難しくはない。コンピュータのバーチャルな世界との無責任な関係への憧れ、特定の仕事や生活状態への一生のコミットする難しさ、自然への一般的な愛と同時に私たちの人生を複雑にする存在（「望まれない」赤ちゃんから難民まで）への軽蔑など。これらすべての現象において、同じ恐怖が常に存在している。快楽を放棄し、他の道を経験する可能性を閉ざす特定の責任のため自分自身を鎖で縛ることによって、自分自身であることをやめることの恐怖。

「美的段階」における人間の目的は、一方では快楽を達成すること、もう一方では、より深いレベルでは「自分自身」であること、という二重のものであった。キルケゴールによれば、絶望の理由があるのは、両方の目的の失敗にある。

人間を十分に、安定的に満足させることができない快楽の無さは、あまりにも古く、議論されすぎて、今取りあげなくてもよいテーマだが、キルケゴールが指摘する「美的段階」が必ず生み出す絶望の第二の理由、無責任で優柔不断な生活の中での個性の溶解は興味深いものである。人間はすべての道に従いたがるため、一つも従わない。すべてになりたいがため何もない。「彼は多くのものになるために生まれたが、何にもならなかった」とは、スペインのある詩人の言葉[4]だが、美的段階の約束を信じていた人間にありそうな墓碑銘を見事に表していると言えるだろう。

しかし、キルケゴールが語る絶望は、二つの形をとることができる。希望を含むものと、それ自体に閉じたあらゆる希望を拒否するもの。前者は、美的段階の無力さに直面した深い失望と、できるだけ早くその状況から抜け出したいという同様に深い願望に対応している。それゆえに、新たな人生を始めるという別の道を歩む可能性に私たちを開放してくれる失望である。キルケゴールの用語では、新しい段階に移ること。キルケゴールが大学時代の自殺未遂とその後の生活様式の変化を経て身につけた直感なのかもしれない。

しかし、人間の個性への台頭もこの時点で途切れるかもしれない。美的段階の牢獄からの解放を願いながらも、独房の外に一歩も踏み出さない人の奇妙なケースである。絶望的な人は、福音書の「悪魔に取り憑かれた」人たちのように、自分の癒しの可能性である神を否定することによって自分を定義する。人間は自分の解放に向けて一歩前に進まなければならないことを知っているが、そうしないという事実が彼の苦悩と閉塞感を増大させる。このように、人間の解放への魅力が大きければ大きいほど、それを受け入れることを拒否することになる。キルケゴールは、これが出口のない状況であり、そこから神だけが人間を無償で解放することができると考えている。

倫理的段階

美的段階と比べて倫理的段階の優位性は、『あれか、これか』という作品の中で裁判官ヴィルヘルムという人物――この作品でキルケゴールが用いたペンネーム――によって明確に説明されている。「固有の自分自身の選択は、その人格の中身にとって決定的なもので、そのような選択を通して、その人格（個性）は自分で選択したものへと没頭する。そして、選択しなければ萎縮することになる」[5]。

自由で責任のない愛が美的段階の生活の具体的な例であるとすれば、結婚は倫理的段階の善と限界を例証するためにキルケゴールが選んだ制度である。結婚では、男女が自由に約束を受け入れて、それに固執する。したがって、人間は自分の運命を理性の手に委ね、理性が指示する義務と、理性が作り出した制度に自信を持って身を委ねる。すべての可能な道の中から、人間は一つの道を選ぶ。しかし、ここに倫理的な道の致命的な魅力がある。この謙虚なコミットメントによって、人間は尊敬される共同体の一員となるのである。

倫理的な段階で、結婚もその一例で、初めて社会と個人の志が一致する。両者とも、気まぐれや快楽よりも理性が支配する人生ほど人間にとって有益な方法はないということに同意している。こうした一致に基づき、古代ギリシア人たちは同一のロゴスが宇宙や正しい社会、そして人間の魂も統治していると考えた。

この確信から生まれた物語で、運命、社会、個人の間に理性が成立させる一致を示す好例が、アガメムノンとイフィゲニアの物語である。よく知られているように、アガメムノンはトロイを包囲する準備をしていたギリシャ軍の司令官である。しかし、好ましい風が吹いていなかったために出港できなかった。占い師のカルカスは運命の神々に相談した後、女神アルテミスが娘イフィゲニアをスケープゴートにして運命を変える条件として主張していることをアガメムノンに知らせる。そして、父親は娘を英雄的に導き、犠牲にすることで、運命と社会と個人の調和を取り戻す。予言的な風、つまり成功、と、何世紀にもわたって歴史に耳を傾けるすべての人々の称賛――つまり理解――は、アガメムノンがすべての人に共通するロゴスの命令を正しく解釈し、実行したことを確認するものとなるだろう。

倫理的な段階を乗り越えるのは難しい、非常に難しい。おそらく最大の難点は、この生き方の悪さに気づくことではないだろうか。一方で、法を守り、自分の属する社会の犠牲になって生きることは立派なことではないだろうか。義務を果たした善良な市民であることの何が悪いのだろうか。

しかし、この点では、現代そのものは、この全体主義的な論理の誤りの最も反論の余地のない証拠である。現代は、このような生け贄の無益さだけでなく、何よりもその悪さを私たちに示している。全体主義（政治的、経済的な全体主義）では、人間が全体のために犠牲にされるだけでなく、無駄に犠牲にされ、自分が望んでもいないものを手に入れるために犠牲にされることも事実である。倫理的な犠牲は、良くても誰も救わないし、ほとんどの場合、数え切れないほどの残虐行為の元になっている。

この意味での倫理の「悪」は、政治的全体主義の中で最も明白な表現に達するが、それに還元されることはない。さらに、このようなことが起こる歴史的瞬間は、幸いにもほとんどない。倫理の弊害は他のレベルでも普通に経験する。他人に迷惑をかけないことを至上命令としている人から、自分の働いている会社の発展のために唐突に命を落とした人、自分の考え方や人生を犠牲にしてまでも、自分が所属している組織の幸福のために犠牲になった人まで、日本社会には倫理的英雄の例が毎日のように出てきている。これらの登場人物はすべてアガメムノンとして社会から称賛されており、倫理的に何かが絶対的に間違っているという見本となっている。彼らは皆、良くても無駄に生きて死に、悪くても自分たちを滅ぼし、他の人を滅ぼすであろう怪物に餌をやるために生きてきた。他方では、問題と緊張を避けるために受け入れられない難民、受け入れる社会の利益だけを基準に連れてこられる外国人労働者、破壊された秩序を回復するための死刑囚など、「全体」への偶像崇拝として理解される倫理の犠牲者たちが、この「英雄たち」とともに登場する。そして不思議なのは、これらの行動はすべて完璧に合理的に説明できるということである。

　そして、誠実な人の心の奥底には、正しい生き方をしようとあらゆる努力をしているにもかかわらず、それが成功していない、「自分の名前」と一致する正しい生き方をまだ見つけていないという残酷な現実がある。かけがえのない人は、「模範的な市民」でも「模範的な社員」でもない。しかし、この段階の限界を自覚するためにはこの道を真摯に、そして精一杯、生きる必要があるかもしれない。絶望しない者、あらゆる苦悩にもかかわらず待ち続け、自分の状況を正当化することを拒み、疑念を黙らせることを拒否する者は、宗教的な段階に進む立場にある。ある意味では、その人はもう次の段階にいるといえるだろう。

宗教的段階

キルケゴールによると、宗教Ａと宗教Ｂがある。第一は、倫理の限界を自覚しながら、絶望しないことである。キルケゴールの言葉で言えば、自分の罪（法律に違反していなくても犯している罪：この不公正な社会の一部として積極的に行動していることの罪）を自覚し、それでも解決が可能であると信じることである。宗教Ｂは、罪の赦しを受けることと、神からの独自の使命を受けることから成り立っている。もう少し詳しく説明しよう。

インマヌエル・カントの思想は、「宗教Ａ」と名づけられる良い例だと思われる。カントはいつも理性に従って、いつも倫理的に、行動するように勧めている人物である。しかし、倫理は世界を救うことはできない、ということもわかっている。カントは知っているが、一方では私たちはいつも善を求める生来の命令を、そしてあらゆる悪から世界を救済するまで休むことのない命令を受けてきた。また彼は、この任務は実現不可能だと知っている。私たちは決して世界を解決するほど力はないし、それほど善良な人間でもないからである。そればかりか、あらゆる悪の廃止は自分の幸福の獲得も含むことを、カントは知っている。もっと正確に言うならば、私たちは二つの要素を併せ持つ一つの命令を受けており、それは倫理的に行動することと、幸福になることである。善と幸福はいつもやって来るわけではなく、ほとんど決して一緒に来ないことは明らかである。善は必ず人間的な犠牲を含むこと、また隣人を愛するためには、ほとんど例外なく自分自身を忘れなければならないことは明らかである。カントは誇張しないが、十字架上のイエスこそもっとも明らかな証明の一つである。

したがって、宗教Aは、自分の文句が最終的に聞き入れられるかどうかを知らないが、次のような問いを発し続けることに疲れない人々の宗教である。「物事がこんなふうになるなんておかしい」、「すべてがこんなふうに終わるはずがない」。キルケゴールの考えでは、ここまでは理性の力で到達できるのである。

宗教Bはまさに理性が終わるところから始まる。それは、唯一の神との出会いである。同時に、自分が赦されていることを知り、自分が唯一無二の使命の受け手であることを知る出会い。まさにここで、人間は最初から探していたものを見つけるのである。唯一のユニークな方との出会いだけが、私たちをユニークな存在に変える力を持っている。キルケゴールが神の前の人間の状況を表現するために用いた表現は、“solus cum Solo”〔ラ〕、“alone with the Alone”〔英〕、（唯一無二の存在と唯一絶対の存在者との比類ない交わり）である。これについて、もう少し詳しく説明することにしよう。

まず、ゆるしの体験。これはひじょうに重要で、人間が神と出会った徴であり、単なる一つの理想とか新しい哲学と出会ったのとは違う。理性はゆるすことができない。理性は私たちに理想しか示すことはできず、しなければならないことを私たちに告げるに過ぎない。もし理性しか存在せず、究極の言葉が倫理か哲学であるならば、私たちは絶望するか、克服できない限界を認識することしかできないであろう。したがって、宗教が世界にもたらす最大の贈り物はゆるしである。神は「光」以上のもの、「調和」以上のもの、「善」以上のもの、すなわち「憐れみ」である。キルケゴールは、この経験を「日記」の中で美しく明確に表現している。

「宗教的な人間はこのように話さなければなりません。この七〇年間、ひどい骨折りと犠牲で満たされてきたと人間的に話すのです。ごめんなさい、ごめんなさい、私の愛を表そうとして……。私たちは、一年中誕生日の贈り物を準備して働いている一人の子どものケースを想像しましょう。その子どもは愛情を込めてプレゼントを持って、たとえば、お母さんの所にやってきます。けれども、一瞬でプレゼントを一つの冗談に変える用意ができています。そして言います、『これはただの冗談でした。ごめんなさい……』」

人間は存在すべき高さに決していないことを知っている——一年中働いたにも関わらず、

準備した贈り物はたいしたものではないとわかっている子どものように——。しかしまた、神はそれをゆるすとわかっている。そのため、自分の贈り物は受け入れられ、とにかく感謝されると知っているので、自分が真面目に取り組んだ働きと骨折りすべてを微笑みと交換できるのである。そして、これは諦めの実りではなく、信頼の賜物である。諦めは理性の所産であり、神との出会いによってもたらされるものではない。

しかし、キルケゴールが思慮深く指摘しているように、ゆるしはいつも使命と一緒にやって来る。福音書はいくつもの例で満ちている。たぶん、その中でもっとも美しい例はペトロのケースだろう。彼はイエスの復活後、かつて裏切ってしまったイエスと出会う（ヨハネ21章）。イエスはペトロをゆるし、人々の救いのために働くように彼にゆだねる。あたかも両者、ゆるしと使命は同じ体験の二つの面でしかないかのようである。

ところで、神から受けた使命はユニークであり、まさにそれゆえに、伝達不可能である（他者に伝えられない）。他の人々がその使命を十分に理解することは不可能であり、また私たち本人がそれを説明できるかというと、それも無理である。この伝達が不可能である主な理由は、神からそれを受けた人間だけがこの使命は意味があり、外からはどう見えても、世界を救うために最善の方法だと知っているからだと私は考える。

信仰のわざも伝達不可能である（他者に伝えらない）。その意味について深めるために、また美的段階との違いについて深めるために、別の良い例は、キルケゴールが語り直したように「よきサマリア人のたとえ話」であろう（ルカ10・30―37）。

「もし一八〇〇年にわたって知られたあの男、慈愛深きサマリア人が、もし馬に乗ってではなく、徒歩でエリコからエルサレムへの道を辿り、そこで不幸な人が伏しているのを目の当たりにしたら、それなのにもし彼がその人の傷に包帯するものも携えていなかったとしたら、そのためにもし彼がその不幸な人を助け起こして、自分の肩に背負い、次の宿まで運んだが、あいにくそのサマリア人が一文も持っていなかったために、宿の主人は彼も不幸な人も相手にしようとしない……そういうわけで、もしそのサマリア人がさらに、そのために忍耐を失うところか、その不幸な人を背負いつつ立ち去り、負傷者のために軟らかいしとねを捜し、彼の側に座って、出血を止めるために全力を尽くした。しかし、当の不幸な人は彼の腕に抱かれて死んでしまったとしたら。そのために彼はかの慈愛深いサマリア人のように慈愛深くなかった、ということになるのだろうか」

（『愛の業』）

サマリア人のこの使命はユニークである。なぜなら、彼の代わりに誰もそれを行うことはできないし、これほど独特で常軌を逸した振る舞いを、一つの道徳的な規則・掟に変えることはできないからだ。この人の振る舞いは不合理である。たとえば、「君の働きは徒労に終わったじゃないか」と非難されたら、そのサマリア人はどうやって自己弁護できただろうか。「君の労力をもっと生産的なことに費やすべきだった、もっと大勢の人に善いことをすればよかったのに」と非難する人に対して、彼は反論できただろうか。野原にいる九九匹の羊よりも、見失った一匹の羊の方が大切であると信じるためには、頭がおかしくなっているか、ユニークな使命を受けた人であるか、どちらかである。このような行動は理性の手が及ばないものだから。

キルケゴールは何度もくり返し説くが、宗教的な人間とは模範的な市民のことではない。まして「誰のことも邪魔しない、問題を引き起こさない」ことを最高の規範だとみなす人物であることはさらに少ない。イエスは間違いなくその一人ではなかった。神と出会った人は、必ず社会にとって迷惑な存在である。「説明できない」生き方を持っている人物だからである。逆に、上述の価値観の持ち主がきわめて徳が高い（倫理的）ことはありえるが、宗教的ではない。それゆえ、キルケゴールにとって罪の反対は徳ではなく信仰であり、神から与えられたユニークな使命を受け入れることである。

もし物事が私たちが述べたようなことならば、神が私たちへ向ける言葉は――私たちをゆるし、ユニークな使命を与えながら、同時に私たちをユニークな存在にする言葉――私たちを根本的に孤独な存在に変えると言わざるをえないだろう。神ご自身の言葉以外に、他に絶対的なガイドをもつことはありえない存在へ変える。それで、こうしたすべてのことのために、宗教的な人間の最大の誘惑は倫理的段階へ戻ることである。変わった人物であることをやめ、習慣と共通の規範がもたらす安全性の中で、他のすべての人たちのように生きることである。

終わりに、キルケゴールの哲学のある点を指摘したい。ひじょうに重要でありながら、彼の思想について解説される時、めったに言及されることがない、信仰と喜びの関係である。キルケゴールは信仰に従って生活を巻き込むような危険と徹底性を強調するため、彼の思想は暗く、悲観的だと考えられがちである。たいてい、いつもそのことで彼は批判される。エゴイズムの危険を避けるために――美的段階で起こるような、個人的な幸福の手段として神を利用する危険――結局、宗教を苦しみと忍耐にだけ同一視していると批判される。私の考えでは、これは彼の思想を誤解しており、重要な問題に関して間違って理解している。実際、キルケゴールは、人間が神を信じることを妨げる究極の困難は、悲観的で小心な人間の心には、このニュース――神が存在し、私たちを愛するというニュース――があまりにも美しく、幸福すぎることだと考えている。

「喜び」です。ある人があらゆるものの中でもっとも幸福なものをあえて信じようとしないのは、それは「喜び」のためです。君はそれを信じない。しかし、勇気を出しなさい。なぜならその理由は、実際にはあまりにも喜ばしいからです。……弟子たちは復活したイエスに出会ったとき、あまりの嬉しさにあえて信じようとはしなかった、と言われていました[6]（ルカ24・41）。

フランスの思想家シモーヌ・ヴェイユも似たようなことを言っている。私たちが神の手に身を投じないのは、こんなに素晴らしいものが存在することを疑っているからである。そのために、私たちは自分たちの人生を神ではない物事へ明け渡してしまい、それらにしがみつくのである。私たちは、これらの物事を真正面から見て、私たちが希求する救いはそれらから決して得られないことを確認するのが怖いのである。神を探求することよりもっと重要な人間の最大の務めは、世界の限界の真実の恐れを克服すること、そして神が私たちを救済するまで希望しつつ待つことである[7]。「信じられるためにはあまりに美しい一つの知らせ」。これは、現代人の不信仰と宗教的無関心を記述する一つの適切な表現かもしれない。

註

（1）ドン・ファン。スペインの伝説上の人物。美男で好色、愛の遍歴者として多くの文学作品に登場。ティルソ・デ・モリーナの戯曲「ゼビリアの女たらしまたは石像の客」（一六三〇年）が原型。

（2）キルケゴール著作集第二巻『あれか、これか』第一部（下）浅井真男訳、白水社、一〇五—一〇七頁。

（3）ドニ・ド・ルージュモン『愛について——エロスとアガペ』鈴木健郎・川村克己訳、岩波書店、一九五九年。Denis de Rougemont: *L'Amour et l'Occident*, 1956, Libraire Plon, Paris.

（4）Jose Maria Peman（ホセ・マリア・ペマン）1897-1981. 詩の Al hidalgo espanol（スペイの郷士へ）。

（5）キルケゴール著作集第四巻『あれか、これか』第二部（下）「人格形成における美学的なものと倫理的なものの均衡」浅井真男・志波一富他共訳、白水社。

（6）"Papirer", VIIII, A300, s.f., 1849.

（7）「神を探し求めること、神を信じることさえ、人間はしなくてもよい。人間がしなければならないことは、ただ神でないもの総てを信じることを拒否すればよい。……もし人間が神でないあらゆるものを拒み続けるなら、いつの日か神はその人を訪れるであろう」。シモーヌ・ヴェイユ、*On Science, Necessity, and the Love of God.*

「道」の人間学――この道を志抱きて歩むとき

越前　喜六

「道」の序説

一般に日本人は、「道」という言葉が好きである。それは、単なる道路の意味から物事の神髄を洞察するための行《ぎょう》、すなわち道《どう》とも捉えているからではないかと思う。方法や過程（プロセス）に徹するとき、自ずと目的を達することができると直観的に知っていたからではないだろうか。でなければ、なぜ禅堂の修業で掃除や草取りが非常に重視されているのかわからないだろう。わたしのようなキリスト者にとっては、確かに修練院のとき、掃除や草取りが修行の一環としてなされていたが、それはあくまで建物や庭を綺麗にするためであった。だが、掃除や草取りに夢中で取り組み、前も後ろも忘れて、ただ無我無心に草取りや掃除に専念するとき、我執が脱落して、真実の光明世界が輝いているのを体験するのではないだろうか。わたしは二五歳のときにイエズス会の修練院に入って、二年間の修練をした。そのとき、毎日、主日（日曜日）を除き、午前中、一時間修練院内の清掃があった。ある時、三階の掃除当番になった。が、部屋にはほとんど会員が住んでいなかった。大して広くもない三階建ての木造日本家屋であった。しかし、一九四五年八月六日に原爆が広島に落ちたとき、窓ガラスは少し爆風で壊れたが、目の前にある丘に爆風が遮られて、建物は無事だった。ともあれ、その数年後に修練院に入ったわたしは、修練院の建物が好きだったので、ほとんど使用されていない三階の廊下やトイレや洗面所など、入念に掃除した。すると一〇分ぐらいで終わった。後五〇分、トイレの掃除が残っているので、便器など入念に磨いた。それでも時間が残った。他のことが勝手にできるわけがないので、便器がすべすべの新品になるぐらい磨いていた。すると、いつの間にか深い心の平安の中で、時の経つのも忘れて磨いている自分がいるのに気づいた。

　また、これに似たささやかな体験として、わたしが三〇歳のときに、富士山の五合目のお中道にある峠の茶屋から、午後二時頃、紺碧の青空に聳える富士山の頂上を目指して、友人と二人で路のない火山灰だらけの山路を登ったことがある。若気の至りでやったことだが、路のない山の斜面を火山灰でできた岩にしがみつきながら、一歩一歩、やっこらさと登っていった。途中、霧に覆われ、前が見えなくなったときには、神さま助けてください、と祈った。すると晴れて、頂上が見えるようになったので、登り続けることができた。こうして夕方五時に無事、剣が峰の傍の山頂に辿り着くことができた。友人は一時間遅れて着いた。頂上で腰を下ろし、青空と下界の雲海を眺めていると、天上に登ったような気分を経験した。ある著名なドイツ人の神父は、「山に真理がある」と日頃言われていたが、むべなるかなである。

　山も暗くなってきたので、大急ぎで、噴火口を見た後、浅間神社の近くの須走を夢中になって滑り下りた。五合目の山小屋に着いて宿泊を頼んだところ、宿主から「お前たちはどこから来たのか」、と聞かれたので、頂上からです、と正直に答えたところ、「今の時刻に下山するバカがいるか」と叱られた。が、親切に泊めてくれた。これは修学中の身にとって、貴重な体験となった。わたしはこれで三回富士山に登ったことになるが、お中道巡りや五合目から精進湖（富士五湖の一つ）まで下山したこともある。また原生林の中に入ったこともあるので、少しは富士山について他人に話せる自信がある。いずれにしろ、若いとき、山歩きや山登りを経験すると、人生は道であるということが自ずとわかるような気がする。

　人は普通、歩くとき、目的地という行き先がある。わたしのように健康上の理由から、東京都千代田区の麴町周辺を週に数回散歩する人間にとって、出発点が自宅の修道院であっても、また歩く道が異なっても、終着点は同じ修道院なのである。目的地がなく、ただ歩くために歩くという人もいるかもしれない。ただその場合でも、本人の意識では、歩くということが目的になっているのである。

さて話は飛ぶが、これは非常に重要な人生法則なので、初めに記しておくことにする。それは「人間とは何者か」という問題である。どんな人でも自我に目覚めてからは、自分が人、つまり人間であることを知っている。けれども、人とは何者か、自分とは何者かという根本的な問いに直面すると、よくわからないというのが正直な気持ちであろう。そこで、人間とは何かという最も重要な問題に対する一つの道しるべとして、聖書の人間観を紹介したいと思う。それをヒントに、各自一人ひとりが人としての自分は何者かを悟るしかないのではないだろうか。わたしは、これがキリスト教の指し示す救いの一端ではないかと信じて、今日まで修道生活を歩んできた。そこでわかったことは、人がいくら抽象的な概念として、人は神の子であるということを信じ、知っていたとしても、現世において、救いが現成《げんじょう》したということにはならないということである。というのは、もし救いが現成しているなら、神秘体験とまでは言わないまでも、「神を知る、すなわち至福直観」を垣間見ている、文字通り聖者といえるのではないだろうか。わたしたちの知識は、学問知であっても、「〜について知る」概念知にほかならない。それに対し、直観智や体験智は、「〜を知る」ことなのである。

さて、悟りへの道しるべとしてまず、旧約聖書の『創世記』を繙くことにする。それによれば、主なる神は、天地万物を創造された後、人を創造されたとある。その個所を引用しよう。ちなみに、聖書になぜ「主なる神」という語句が出て来るかというと、聖書学者ではないが、わたしはこう考えている。神（〈ヘ〉エル、あるいはエロヒーム〈複〉、中近東の神の名称）からエジプトにいるイスラエルの民を解放する預言者として選ばれ、召されたモーセ（前一三五〇頃—一二五〇頃）は、民に向かって自分の召命が本物であるしるしとして、神に名を尋ねた。すると神はモーセに、「わたしはある。わたしはあるという者だ」（出3・14）と言われた。これがヘブライ語で「ヤーウェ」、日本語にすると「主」となる。だから、神という一般的な名称に、真の生ける神を表現するために「主」という名称をつけて、「主なる神」という名称になったのではないかと考えている。

神は言われた。

「我々にかたどり、我々に似せて、人を造ろう。そして海の魚、空の鳥、家畜、地の獣、地を這うものすべてを治めさせよう。」

神は御自分にかたどって人を創造された。

神にかたどって創造された。

男と女に創造された。

神は彼らを祝福して言われた。

「産めよ、増えよ、地に満ちて地を従わせよ。海の魚、空の鳥、地の上を這う生き物をすべて治めよ」（創1・26―28）。

※『新共同訳聖書』では「支配せよ」となっているが、筆者の考えで「治めよ」に変えた。

ゆえに人（〈ヘ〉アダム）は、本来「神の似像《じぞう》」（〈ラ〉imago et similitudo）なのである。これこそ、人間の本質的な尊厳の根拠ではないだろうか。人は、神のイメージ、神の肖像といってもよいだろう。むろん、宇宙万物は「無から創造された」と昔、神学で教わった。しかし、よく考えて見れば、神でないものは虚無だから、「無からの創造」というのは、神が神ご自身のある部分によって、神でない天地万物を創造された、と解するほうが、現実的ではないだろうか。だから、創造された天地万物、昔は被造物と言ったが、そのすべては「主なる神」の顕現以外の何物でもないということになる。もっとわかりやすく言えば、すべては神だということである。問題は、その真実（真理）がわかるかわからないか、見えるか見えないか、悟るか悟らないかということではないだろうか。悟れば救いが現成《げんじょう》してくるし、悟らなければ救われていないと言えるのではないだろうか。今のわたしは、「救い」をそう考えている。

ともあれ、人間は神の像（かたどり）、神の似姿なのである。ここに人間の究極の尊厳がある。だから、各人は、生活の苦患を心配する前に、まずこの真実、あるいは智恵を想起すべきではないだろうか。この真実とは、「①神を含め、わたしたちはすべて一体である。②充分である。③しなければならないことは、何もない」（N・D・ウォルシュ著、吉田利子訳『神との対話③』サンマーク文庫、二〇〇二年、五五九頁）ということだ。だからその智恵とは、人間は本来神と一体であるから、しなければならないことは何もないし、必要なものは充分にある、ということである。この真実を悟りさえすれば、自分が神と一体化するだけでなく、知恵の光と愛の熱情と喜びのエネルギーに満ち溢れて、現世にいながら、天国の浄福を少しは味わうことができるのではないだろうか。そうなれば、現世の困苦や患難は、有って無きがごとしで、人間の進化・発展に資する有益な経験に過ぎないことがわかるであろう。こうなれば、主キリストのように受難することに感謝し、十字架の神秘を称えるようになるにちがいない。

また、「人とは何者か」という真実や智恵を学ぶもう一つの手がかりは、「創世記」二章に記されている人間創造の物語である、とわたしは考える。そこにはこう記述されている。

主なる神が地と天を造られたとき、地上にはまだ野の木も、野の草も生えていなかった。主なる神が地上に雨をお送りにならなかったからである。また土を耕す人もいなかった。

しかし、水が地下から湧き出て、土の面をすべて潤した。主なる神は、土（アダマ）の塵で人（アダム）を形づくり、その鼻に命の息を吹き入れられた。人はこうして生きる者となった。（創2・4―7）

人の肉体は死ぬと、土に還るから、この記述は科学的に言っても真実であると思う。また、生きるということは、神が人の鼻に命の息、すなわち霊（〈へ〉ルアハ、〈ギ〉プネウマ、〈ラ〉スピリトゥス）を吹き込まれたから、生きる者となったとある。つまり神は、人を創造された後、人に生命の原理である「霊（魂）」を賦与されたのである。他の生き物の場合は、端的に創造されたのだが、人の場合は違った。人は、神の命の息吹を直接、受けて生きる者となったのである。

だから使徒パウロはかつて、アテネのアレオパゴスの丘でギリシャ人に向かって説教したとき、かつてギリシャの詩人がいみじくも、「『我らは神の中に生き、動き、存在する』『我らもその子孫である』と、言っているとおりです」（使17・28）と言われた後、「わたしたちは神の子孫なのですから、偶像崇拝に走らないよう、回心しなさい」（使17・29参照）と説教されたのである。

さて、人が神によって生きているというのは、人の魂が受胎の瞬間に直接、神によって創造されるからである。そして、魂は霊であるから、不滅で完全で永遠な存在にほかならない。この魂こそが、各人のペルソナ（人格）の核心をなしているものだ。そして、ドイツの哲学者、I・カント（一七二四―一八〇四）によれば、ペルソナ（人格）とは「責任の主体」、つまり「知性と自由の主体」と解することができる。わかりやすく言えば、誰かに、「あなたは何ですか」と聞かれれば、「人間です」と答えるだろう。これが人間性という人の共通の本質のことである。これに対して、「あなたは何方ですか」と尋ねられれば、「わたしは越前というものです」と名前で答えるだろう。この名前が指し示しているものがペルソナ（人格）にほかならない。それは各個人まったく異なり、ユニークである。だから、人格の尊厳という時には、ただ単に人間の尊厳というだけでなく、一人ひとり、個性のある人格として極めて尊いという意味である。ラテン語でスコラ哲学を少しかじった人間としてわたしは、人間の本性はナトゥーラ（natura）で、人格はペルソナ（persona）であると、きちんと区別して教わった。そして、「個性」というときには、この人格の特殊性や独自性のことを指し示していると言われた。だから、人を他者と比較して評価することはできないし、またすべきではないと思う。人はみな神のパート（部分）として、独特の輝きや尊さやパワーを有している存在なのだ。

さらに人は、魂と身体から成り立っているが、身体はいわば魂の手段、道具、機能と解することができる。これは現世という物資的な世界において、真の自己である魂、それは神の一部であるが、真の自分（おのれ）が何者であるかを想起し、経験し、創造するための貴重な道具になるためにほかならない。したがって魂は、身体という道具や手段を使って、考える精神（マインド）や愛する感情（ハート）や自己創造という意志の機能を発揮させているのである。

ペルソナ（位格）は、認識と愛と創造の主体である、と前に記した。だから、他のペルソナ、つまり他者に対して、「理解し理解され、愛し愛される」（アウグスティヌス〈前三五四―四三〇〉の幸福の定義）という〝われとなんじ〟の出会いや交わりを結ぶことができるのである。そして、こうした愛による関わりにこそ本当の幸福や喜びがあるのではないだろうか。これはアウグスティヌスが『三位一体論』や『神国論』などで、詳しく論じていることである。が、ともあれ認識と愛による人と人との関係の中に幸福があるように、神と人との関係の場合でも、人は「神を知り、愛し、賛美し、神に仕える」ことによって、永遠の浄福を享受できるのではないだろうか（聖イグナチオ・デ・ロヨラ著、門脇佳吉訳・解説『霊操』、岩波文庫、「根源と礎」参照）。

キリスト教が伝える主なる神は、三位一体の神である。前述もしたが、神性は一体であり唯一であるが、神格は三つある。すなわち神のペルソナ（神格）は、父なる神、子なる神、聖霊なる神の三つである。そこには相互に理解し合い、愛し合い、創造し合うという交わりがなされている。そしてこれこそが、三位一体の神の内的生命の営みと言えるのではないだろうか。

こうした三位一体の神の内的生命における相互理解と相互愛と相互授与の交わりに、人が参与することが、永遠の命であり、究極の救いなのではないだろうか。わたしは抽象的な理解に過ぎないが、天国の状況について、そう理解しているので、使徒ヨハネが黙示（ヴィジョン）を受けて象徴的に記した天国の記述が好きなのである。

『黙示録』の中では、次のように記されている。

> わたしはまた、新しい天と新しい地を見た。最初の天と最初の地は去って行き、もはや海もなくなった。更にわたしは、聖なる都、新しいエルサレムが、夫のために着飾った花嫁のように用意を整えて、神のもとを離れ、天から下って来るのを見た。そのと

き、わたしは玉座から語りかける大きな声を聞いた。「見よ、神の幕屋が人の間にあって、神が人と共に住み、人は神の民となる。神は自ら人と共にいて、その神となり、彼らの目の涙をことごとくぬぐい取ってくださる。もはや死はなく、もはや悲しみも嘆きも労苦もない。最初のものは過ぎ去ったからである」。（黙21・1―4）

また、二二章のヴィジョンによると、使徒ヨハネに「天使はまた、神と小羊の玉座から流れ出て、水晶のように輝く命の水の川をわたしに見せた。川は、都の大通りの中央を流れ、その両岸には命の木があって、年に十二回実を結び、毎月実をみのらせる。そして、その木の葉は諸国の民の病を治す。もはや、呪われるものは何一つない。神と小羊の玉座が都にあって、神の僕たちは神を礼拝し、その御顔を仰ぎ見る。彼らの額には、神の名が記されている。もはや、夜はなく、ともし火の光も太陽の光も要らない。神である主が僕たちを照らし、彼らは世々限りなく統治するからである」（黙22・1―5）とある。

主なる神は、天国における神と主イエス・キリストの栄光を僕ヨハネ（使徒ヨハネのこと）にお示しになった。それを神秘的、体験的に観たヨハネは、その経験や光景を象徴的に描くしかなかった。それが黙示録であると、わたしは理解している。ただ、わたしたち人間の究極の救いとは、父なる神が御子イエス・キリストを通してお与えになる永遠の命を得ることである。その永遠の命とは、最後の晩餐の時、イエスが御父に言われた言葉にある。それは「唯一のまことの神であられるあなた（父なる神のこと）と、あなたのお遣わしになったイエス・キリストを知ることとです」（ヨハ17・3）という聖言である。なお、この「知る」というのは、聖トマス・アクィナス（一二二五〈二七〉─七四）の『神学大全』によれば、「至福直観」のことである。三位一体の神をあるがままに、「顔と顔とを合わせて見る」（一コリ13・12）ことにほかならない。これはまさに、体験智であり、直観智であり、真の神秘体験ではないだろうか。それによってわたしたちの救いが実現し、完成に向かって絶え間なく進歩していくのである。こうした三位一体の神との智恵と愛による一体化こそ、永遠の命にほかならない。しかも、それは限りなく進展していくダイナミックな動きであって、停滞しているようなものではない。これまで、抽象的ではあったが、聖書の記述に基づいて、わたしたちの究極の救いが何かを幾らか書き記してきた。こうしたわたしたちの生きる究極の目的が、主なる神とのまったき合一や一体化にあることがわかったならば、後はそれに向かって進んでいくだけであろう。その道、すなわち方法や手段は無数にある。千差万別、多種多様と言っていいだろう。人の個性が皆、違うように、神との一体化を悟り、体験し、実感する方法や仕方はみな違う。だから、どんなすばらしい聖者やマスター（師）に出会ったとしても、その人の真似をするのは、好ましくない。あなたはあなたの道を見出し、その道を「やり遂げよう」という志をもって歩んでいかなければならない。この場合の志とは、天国というわれらが神の家に帰ることにほかならない。

道の秘義とは――単なる方法論ではない

普通、道というと、哲学的には目的地に至るための方法や手段や過程を指す。だから、良い道とは、いかに目的地に安全かつ確実に、しかも迅速に到達できるかの行程になる。富士山の頂上に登る路は、多くある。たとえば、富士吉田口、御殿場口、須走口、河口湖口、山中湖口、精進口などいろいろある。その中で今のところ、一番安全でポピュラーなのは、何といっても富士吉田口である。登山家だと五合目からは、六時間位で登頂するが、一般の人たちはまず八合目まで登り、そこで山小屋に泊まり、朝早く起床して、登頂を試み、頂上の浅間神社の鳥居からご来光を拝むのである。わたしはこの登山道を二回登ったが、特段面白かったという体験はなかった。しかし、前述もしたが、剣ヶ峰の近くの道のない富士山の斜面を手さぐりで登ったことは、無茶だったことはよくわかるが、何物にも替えがたい貴重な体験であった。

日本人にとって、道の文化は奥深くて、幅広い。なにより目的地と道程を二元論的に分ける思想や感性がないところが、素晴らしいと思う。後で書くが、神と合一する人間の究極の目的は、「道」なる主イエス・キリストと「同行二人《どうぎょうににん》」になることではないだろうかと考える。道なる主キリストはそのまま真理であり、命である目的なのである（ヨハ14・6参照）。だから、信仰と祈りと愛によって主キリストと共に歩くとき、すでに真理と命を得ていることになるのではないだろうか。

わたしの好きな詩人の一人に、アメリカ人のジェームス・D・フリーマン（一九一二―二〇〇三）という人がいる。彼はキリスト者である。彼の詩集『永遠のかなたから』（蔦谷茂夫訳、日本教文社、昭和六〇年一〇月二五日初版）は素晴らしい。大好きな傑作がたくさん入っている。その中に、かつてアポロ一五号によって月面に運ばれた「私はそこにいます」が収められている。非常に長いが、断片的に引用しよう。

　　私はそこにいます

あなたは、私を必要としますか。
私はそこにいます。
あなたには私が見えないけれど、

私は光です。
それによって、あなたはものが見えるのです。
あなたには、私の声が聞こえないけれど、
私はあなたの声で話します。
・・・・・・・・・・
私の姿は変わったものではなく、
私自身、神秘な謎ではありません。
あるがままの私を知りたいなら、
心の奥底まで静まって、
自分の殻から、脱け出しなさい。
そのとき、私がわかります。
私がただ感じられ、信じられます。

しかし、私はそこにいます。
しかも、私は聴いています。
しかも、私はこたえます。

・・・・・・・・・・

たとえ、あなたが全く孤独だと思っても、
私はそこにいます。

たとえ、あなたが恐れの中にいても、
たとえ、苦痛の只中にいても、
私はそこにいます。
あなたが祈る時も、祈らぬ時も、
私はそこにいます。
私はあなたの中におり、
あなたは私の中にいます。

ただあなたの心の中にだけ、
あなたは私とは別のものと、感じています。
それはあなたの心の中にだけ、
「あなたのもの」と「私のもの」という

霧が、あるからです。
しかし、あなたの心でだけ、
私を知ることができ、
私を経験することができます。

あなたの心の中から、
本当はありもしない恐れを除きなさい。
あなたが自分自身を捨ててしまうとき、
私はそこにいます。

あなたには、自分のことが、
何一つできません。
しかし、私には
なんでもできないことはありません。
そして、すべての中に、私はいます。

あなたには、良いものが、見えなくても、
良いものは、そこにあります。
なぜなら、私がそこにいるから。
私は、おらねばならぬので、そこにいます。
なぜなら、私は、存在する者だから。

私によってのみ、世界は意味をもち、
私からのみ、世界は造られます。
ただ、私のためにのみ、世界は進んでゆきます。
私は、星の運行や、
細胞の成長の基である法則です。
そして、法則を成就する愛です。
・・・・・・・・・・・
私は、それによってあなたが、生かされている法則。
私は、あなたが強く頼れる愛。
また、私はあなたの確信。

私は、あなたの平安。
私はあなたと一つ。
私はいます。

あなたが、私を見つけられなくても、
私は、あなたを見失うことはありません。
私に対するあなたの信頼が、
たとえ、確かなものでなくても、
あなたへの、私の信頼は、
決して、揺らぐことはありません。
なぜなら、私は、あなたを知っており、
あなたを愛しているから。

愛するあなたよ。
私はそこにいます。

（本書九二―九七頁）

この詩の「私」というのは、いうまでもなく、主なる神のことである。が、もっと対象を絞って、神人である主イエス・キリスト――この方は三位一体の神の第二のペルソナ（神格）である神の御子――と解することもできる。そうすると、もっとイメージしやすいかもしれない。イエスとは、今から二千数十年前に現在のイスラエルのベトレヘムに生まれ、ガリラヤのナザレで育ち、成長され、三五歳頃、御父の救いの計画を実現するために公生活に入られた主キリストのことである。主とは真の神、キリストとは救い主（メシア）を指す。

天使たちがベトレヘムの羊飼いたちに告げられた「大きな喜び」とは、救い主が人類のために誕生されたという告知にほかならない（ルカ2・10―11）。イエスは、すべての人が神の国（天国）に救われるためのメッセージ、すなわち「福音」を人々に宣べ伝えられ、召し出した十二人の使徒や弟子や信者たちと親しく交わられた後、ユダヤ教の指導者たち、祭司長、律法学者、長老、ファリサイ派の嫉妬と反感を買い、十字架上で死刑にされたが、三日目に霊化された栄光の姿に復活され、弟子たちに四〇日間も出現された。その後、天国に昇天されて御父の右の座に就かれ、世の終わりに再臨される方である。

この詩は、すべてにおいてすべてであられる栄光に輝く主なる神が、無条件で無量の愛をもって、いつもわたしたち一人ひとりの傍にいてくださる真実を、平易ながらも見事な言葉で表現した詩ではないかと思う。この詩をじっくり味わうだけでも、わたしたちは、自分自身が神の無限の愛に包摂されている素晴らしい存在であり、命であることを想起するにちがいない。そうわたしは確信する。その時、現在の自分がどんなに惨めで、か弱く、未熟であっても、本来は神の似像、神の子、神の部分（パート）として、どれほど偉大で、尊く、素晴らしい存在であるかがわかるだろう。主なる神は、人々を憐れで、惨めで、可哀想な者だと見ておられるのではない。神に似て、何と偉大なわが子であろうかと、感嘆と敬愛の念をもって眺めておられるのである。

くどいけれど繰り返すが、従来のキリスト教は、人間の堕罪性や無価値性を強調してきた。これでは、人生において人は救われないだろう。現代は、視点を一八〇度変えなければならない。人間だけではないが、特に人は「神の像、似姿」ではないだろうか。ならば、なぜ多くの人は、これだけ酷い犯罪を犯し、悪事を行うのだろうか。答えるのは非常に難しいが、あえて言えることは、人が神から離反するとき、どんなに酷いことができるかを実体験するためではなかっただろうか。わたしは罪とか悪事とかは、神から離反したときに可能になると考えている。

『ルカの福音書』に有名な「放蕩息子」のたとえ話（15・11―32）がある。その中で弟は遺産の半分を貰って家を出て、放蕩三昧の生活を送り、その結果、食べる物にも事欠いて飢え死にしそうになった。その時、翻然と父がいるわが家には、幾らでも食べ物があるのを思い出し、改心して父の家に帰る。放蕩して家に帰って来た息子のために、父親は宴会まで開いて喜ぶ。そこに兄が帰ってきて、腹を立てる。それに対して、父は優しく長男に諭す。わたしのものはみなお前のものだ。お前はわが家で好きなように何でもできる。足りないものは何一つない。しかし、お前の弟は、家出して死んだようになったのに、改心して帰って来たのだ。死んでいたのに甦ったのだ、大いに喜ぶべきことではないか、と。このようにさまざまな悪事を重ねた人でも、神の子であることには変わりがないのだ。それに気づいて戻って来た。これがどれほど尊いことかは体験してわかることだろう。放蕩した弟は、それが心底からわかったのだ。回心の意義はここにあると思う。

何事も意識的に選択し、行動することが大切である。無意識に行動するのは、行動しないに等しい。霊性に進歩するとは、真実やリアリティに気づいた（気づき、自覚、意識化、悟り、目覚め）上で愛の選択をすることではないだろうか。弟は、放蕩して困窮のどん底に落ち、そこで父の愛を想い出し、父の家こそわが家であることに気づき、勇気をもって帰ってきたのである。兄はまた、父の諭しによって、家族愛に目覚めたのだ。

道の文化とは

フリーマンの詩をもう一つ引用しよう。「喜びは歩いていると湧いてくる」（前掲書一七三―一七四頁）という詩である。

道はなぜ　此処にあるのだろう
向こうに　着くためなのか
それとも
其処を　歩くためなのか

喜びが　湧くのは
向こうに　着いた時なのか
それとも
歩いている時なのか

道は

其処を　歩くためにある
あたかも　人生が
死ぬためでなく
其処で　生きるためにあるように

喜びは
歩いていると　湧いてくる
歩き続けていると　湧いてくる

わたしは五〇歳（一九七九）になった時、大学から在外研究の許しを得たので、思い切ってハワイを出発点にし、イスラエルとギリシャを終点に世界を横断的に一周したことがある。極めて貴重な体験をたくさんすることができて、大学には感謝している。アメリカ西海岸のバークレーにあるＧＴＵ（Graduate Theological Union）で、春期間、旧約聖書のクラスを受講した。教授の神父は同じアパートに住んでいたが、素晴らしい先生で、日本に憧れていた。別れの時は、パーティを開いてくれた。

さて、歩く道に関して言えば、「すべての道はローマに通ず」ではないが、一番好きで感動的だったのは、紀元前後にローマ帝国が造った帝国内の道路であった。特に、ローマの郊外に延びているアッピア街道を歩いた時、まさにフリーマンが言うような感懐を覚えた。また、エルサレムの旧市街にある石畳み式の道路は、少し坂道になっているが、イエスが十字架を背負って歩かれた道なので、わたしは数回歩いたことがある。そのたびに表現し難いほどの感情を覚えた。

旅をするというのは、本来は歩いてゆくものなのである。わたしは秋田県の小さな町に生まれ、育ったので、学校に行くには歩くしかなかった。ただ、目的地に着けばよいのなら、交通機関を利用するほうがよいだろうが、わたしが通った旧制中学校は、町のはずれにあり、畑を隔てた長根山という昔、国体のジャンプ大会があった立派なジャンプ場がある山に近い処にあった。この山にはよく登らされたものだ。冬にはスキーで、登り降りたこともある。学校まで二〇分位かかるが、わたしは孤独型なので、独りで学校に行き、独りで学校から帰って来た。その間中、いつも潜心し、神さまにお祈りばかりしていた。それで、後年になり、クラス会を開いた時、友人の一人が、「喜六さんは、いつも下を向いて歩いていたね」と言われたことがある。よく観察している友人もいるもんだね、と感心したものだが、若くしてがんで亡くなった。本当に寂しかった。わたしにとって、歩くことは祈りであった。

道には、目的地と歩く路と歩く動作の三つが関連している。道を精神化して「道《どう》」と呼んだとしても、目指すことと、目指すやり方、つまり方法と、実際に努力することが必要である。この三者がうまくかみ合ってはじめて、目的を達成することができよう。中学生の時、剣道をやらされた。剣道では、竹刀で相手を打ち負かすことが目的だ。そのためには、剣道の作法や竹刀の使い方に習熟し、いざ試合の時には相手に先に打ち勝たなければならない。そのため上手くなるための方法や技術を先生に教えてもらい、後は一生懸命に練習して、強くなるしかなかった。実際は、弱かったが……。

さて、道《どう》に触れたので、ここで江戸後期の国学者、本居宣長《もとおりのりなが》（一七三〇―一八〇一〈享保一五―享和一〉）の「道」について少し触れてみたい。宣長は、江戸時代に流行っていた「漢《から》意《ごころ》」といって当時の日本に定着していた中国《シナ》思想を退け、大和言葉による古学の確立を目指した。そのため『古事記』の注釈をし、畢生の大作『古事記伝』を著した。つまり、門外漢のわたしの貧弱な知恵で云々はむろんできないが、大和心とは何か。それを表す言葉は何だろうか、と宣長は真剣に考えたにちがいない。そこで閃いたのが、「道《どう》」という言葉ではなかっただろうか。それまで圧倒的な力で、日本人と日本の文化に強い影響を与えてきた漢文化に対し、自立した独自の文化と文明が日本と日本人にあることに気づき、それを大和文化、道の文化としたのではあるまいか。宣長は、最初ミチという語が、『古事記』に「味御路（うましみち、すなわちよい道の意）」とあるように、山路、野路などの路に、御という接頭語を添えたもので、ただ人が歩いていく路のことに過ぎない、と上代の日本人は考えていた。そして、物の道理とか、いろいろな教説を何の道、かんの道ということは外国の沙汰であると見做していた（『直毘霊』佐佐木治綱他訳参照）。

しかし、研究と著作を続けているうちに、宣長は「神の道」という言葉を使うようになった。これは宣長の造語というより、一般の日本人の文化や生き方に「道」という言葉や語句が、いかに重要な役割を演じているのかがわかったからではないだろうか。そこで日常生活における路や道という言葉や文字が、内面化され、人間の心や人間性を進化・向上させるための「行《ぎょう》」を表す普遍的・超越的な原理としての「道《どう》」に転用され、日本人の生き方の指針になっていった事実に気づいた。こうして道《みち》が道《どう》になっていったのである。そこで宣長自身も、たとえば「惟神《かむながら》」に言及して、『日本書紀』の「孝徳天皇の巻」に「神ながらということは、神の道にしたがって事を行われて、そこにしぜん神の道があるのを言うのである、と見えているのをよく思うべきである」と記しているのだ（前掲書）。

けれども、「神道《かみのみち》」というのは、中国の思想や風俗習慣が日本に浸透していた時代にあって、わが国の古代からの風習や文化をそれと明確に区別するために使った名称にほかならない、と断っている。なおまた、神の道を論じながら、それは天地の自然のままの道でもなく、中国の老荘思想とも違う、神のはからいやはたらきを指したものであるとも主張してやまない。『直毘霊』という著作は、古道を論じたものであるから、当然「道」という言葉がひんぱんに使われているが、それでも内実はずいぶん異なり、あくまでも神々のはたらきと解して使っているのが、宣長らしい。随神（惟神、かんながら）——神のみ心のままに生きること——を理想とした日本人が、最終的に選んだ言葉が「道」であることに不思議な感懐を覚えるのは、わたし一人だけではないだろう。

主イエス・キリストは同行二人で歩く真の道なり

人間の究極の救いは、各人が神の子（神学的には養子）として意識的に主なる神との出会いや一致を経験することである、とわたしは信じる。わたしは人間学の立場から、「救い」ということを次のように考えている。まず認識論的に言えば、無智から知識へ、知識から信仰へ、信仰から経験（体験）へ、経験から悟りへと進展していくことではないかということである。愛の面から言えば、神を知れば、自然に神が好きになり、神に憧れ、神と一致したいという熱望や衝動に駆られ、無我無心になって、神との一体化へと行動するにちがいない。主イエスと出会ってマグダラの聖女マリアがとった行動を見れば、そのことがよくわかるだろう。愛は自己授与の度合いによって量られるのである。

無智とは、本人の意識にとっては、無きに等しい。神がいないと思っていれば、その人にとって神は存在しないのである。神は存在（ある）であるから、神が存在しないことはあり得ない。が、存在をどう認識するかによって、無神論になるか、有神論になるかに分かれるであろう。認識、つまり知ることができれば、後はそれをどう評価し、選択するかしないかを自由に決めるのである。換言すれば、どういう風に愛するかを決めるのだ。その場合、その認識が真実であるか偽りであるかをどうして判断することができるだろうか。それは認識論的には、事実と合致しているか否かの判断か、あるいは論理学的に正しいかおかしいか、あるいは法則に適っているか否かによって決まる。そのために例えば、三段論法がある。大前提：生物は死ぬ。小前提：人間は生物である。結論：ゆえに人間は死ぬ。こうした知的作業を通して、人間は正しい認識や本当の認識をしているのだ。

　では、可見的な世界を超えた世界、たとえば神の世界、天使の世界、霊魂の世界など、現在の宇宙、つまり物質的な世界を超えた超自然的な世界の存在者や出来事をどうして知ることができるのだろうか。それは預言者や聖者や特別な霊能者たちなど、神や天使などから霊感（インスピレーション）を受けた人たちを通してであろう。旧約聖書に記述されているように、イスラエルの民は、主なる神の呼びかけを受けた太祖アブラハム（年代ははっきりしない。おそらく紀元前二〇〇〇年頃、ユーフラテス河下流のカルデヤのウル出身。セム族）

の子孫であるが、その子孫から多くの預言者が現れた。例えば、モーセ、ダビデ、ソロモン、エリア、エリシャなど、他にも多数いる。預言者とは、神の霊感（神感）を受けて神のみ言葉やメッセージをイスラエルの民に伝える使命と役割を賦与された人物たちのことである。彼らは聖霊の息吹（神感）を受け、神の世界（超自然的な世界、霊の世界）の真実や真理を人類にとって有益と判断された範囲内で人々に告知されたのである。これが「啓示《けいじ》」とか「天啓《てんけい》」とか言われる超自然的な出来事であった。その多くが文字化されたものが、例えば聖書である。他にもあるかもしれない。例えば、イスラーム教の聖典『コーラン』（『クルアーン』日亜対訳、中田考監修、中田香織、下村佳州紀訳、作品社、二〇一四年）を挙げる人たちもいるだろう。

それによって人々は、自然界を超えた霊の世界がどういうものであるかを垣間見ることができるようになったのである。しかし、それが神の啓示であると確信して読まなければ、神の言葉を知ることはできないだろう。これが信仰による智のことである。それによって、人は神とその世界の真相を垣間見ることができるようになった。信仰とは、超自然的な智という神の恩恵であり、賜物である。主イエスは、かつてこう言われた。「わたしをお遣わしになった父が引き寄せてくださらなければ、だれもわたしのもとへ来ることはできない」（ヨハ6・44）と。だから、神が先行的にわたしたちを信仰に導かれなければ、誰も神の啓示を知り、信ずることはできない、と神学で教わった。わたしが神のこの先行的な恩恵を確信したのは、十歳のとき、姉から聴いた神さまの話を即座に本当だと思った、つまり信じた瞬間である。実家は法華宗（日蓮宗のこと）なので、子どもの時から、南無妙法蓮華経と唱えていたが、仏教を信仰する気はなかった。だから、神の先行的な恩恵がなければ、教会もない辺鄙な地方の町の仏教徒の家族で育ったわたしが、子どものとき、どうしてキリスト教を信仰することができただろうか。さらに、わたしはキリスト教の神を信じた後は、良くお祈りして、素直で誠実な子になろうと決心し、努力してきたつもりである。その一例は、姉から貰ったキリスト教関係の書物、特に霊的生活に関する書籍を少年の時からよく読んだことである。覚えているのは、例えば聖フランシスコ・サレジオ（フランス、一五六七―一六二二）の『信心生活入門』である。今から振り返って見ると、まったくとは言わないが、というのは聖公会の教会があったからだが、カトリック教会とは無縁な環境で幼少年時代や青年時代前期を過ごしたわたしが、ふとしたきっかけでカトリックを信じて、それを頼りに生きていこうと決断したのは、自力ではなかった。やはり神の先行的な恩恵によって促されたからではなかっただろうかと思う。

仏教ではよく「ご縁」という言葉をよく使う。ご縁があって、出会うことができましたねとか言うではないか。これは面白い言葉で、神や仏のはからいや摂理を指していると思うが、「お蔭様で」という言葉同様、非常に物事や人間関係を円滑にする言葉ではないだろうか。信仰という心構えや態度は、こうしたことと関係があるのではないかと、わたしは考えている。が、信仰はある意味で「暗夜」（十字架の聖ヨハネ〈スペイン、一五四二―一五九一〉が使った言葉）である。主イエスの教えは、真理であり、リアリティ〈実在〉であると確信することはできるが、体験したり、実感したりすることはできない。それはこの世における神の定めではないだろうか。だから、信仰の暗夜の中で聴こえてくる「内なる声」つまり神の声を頼りに、ナザレのイエスが神の御子、主キリストであると信じる瞬間、「神の義」が与えられるのである（ロマ3・22参照）。すると不思議なことに、目に見えない存在や事象が本当に有るということが確信できるようになる。その後は、信仰したことを選択し、愛するかという決断が待っている。決断するとき、救いが現成《げんじょう》（開花・実現すること）してくるのである。換言すれば、不可見的な事象を体験するようになるのだ。例えば、聖パウロが記しているように、「神の国は、飲み食いではなく、聖霊によって与えられる義と平和と喜びなのです」（ロマ14・17）がそうである。これに自由（囚われないこと）を加えれば、わたしたちが結構、日常生活の中で経験しているのではないだろうか。遠慮なく自分の体験を書くとすれば、二〇二〇年は、新型コロナウイルスの世界的な感染拡大で、外出や活動も厳しく制限された。だから、多くの時間、文字通り隠遁者のように、自室に閉じこもっているしかなかった。けれども、窓から紺碧の青空を眺めていると、心の中では深い平安や喜びや慰めを感じることができた。この事態にも神の摂理（はからい）があるのだと思い、いずれ主キリストの力が勝つのだと確信していたからである。いたずらな不安や恐れは、かえって敵を利することになる。平安な心で恐れることなく、神に助けと恵みを求めながら、神を無条件に信頼することである。後は、イエズス会の創立者、聖イグナチオ・デ・ロヨラ（スペイン、一四九一頃―一五五六）に倣って、神のことを忘れて人事を尽くすだけではないだろうか。

現世において、パーソナルな神を体験することは至難なことである。聖人たちの神秘体験ですら、脱魂状態の中で、神の世界を垣間見るに過ぎないのだ。使徒パウロは、控え目ながら、ご自分の神秘体験をある人に託してこう記している。

> その人は十四年前、第三の天にまで引き上げられたのです。体のままか、体を離れてかは知りません。神がご存じです。……彼は楽園にまで引き上げられ、人が口にするのを許されない、言い表しえない言葉を耳にしたのです。このような人のことをわたしは誇りましょう。しかし、自分自身については、弱さ以外には誇るつもりはありません。……また、あの啓示された事があまりにもすばらしいからです。（二コリ12・2―7）

パウロは、第三天にまで挙げられ、天国を垣間見ることができた。それがあまりにも素晴らしい啓示なので、高慢にならぬよう、サタンのとげが与えられた。そこで主に助けを求め祈ると、主キリストが現れて、「わたしの恵みはあなたに十分である。力は弱さの中でこそ十分に発揮されるのだ」（二コリ12・9）と言われた。そこでパウロは、大いなる歓喜に満たされ、自分の弱さや無力こそ誇るべきことだと悟り、どんな窮乏の中にあっても主キリストのゆえに満足していた。そして、こう記している。「わたしは弱いときにこそ強いからです」と（二コリ12・10）。

わたしたちは、生前どんなに高い霊性の境地に達したとしても、神や天国を知るのは、信仰によってである。神を「顔と顔を合わせて」（一コリ13・12）見る至福直観や自分が本来神と一体であることを実体験するのは、死後、天国においてであろう。これが人間の究極の救いである。だから、それはどんな人にとっても自分の魂において憧れ、願望し、希求している境地にほかならない。福音書においては、こういう境地を「神の国」、「天国」、「永遠の命」、「命」、「救い」と表現している。

そこでわたしたちにとって、最も切実な問題とは、どうしたらそのような境地に達することができるかという救われるための道であり、方法である。ここで一寸脱線するが、わたしは長年、西洋の哲学や思想や宗教を学んできた。そこで得た知識に基づき、大学で「人間学」という科目を構築してきた。そこで気づいたことは、西洋人にとって、真理探究の学問上の方法では、目的論と「区別する（〈ラ〉distinctio）」という方法論を分けるが、その場合、目的論が極めて重要であるということであった。これに対して東洋では、どうしたら目的が達成されるかという方法論が第一だということである。たとえ、三位一体の神と智と愛によって合一することが、救いであり、人間の生きる究極の目的であるということを知っていたとしても、それはどうしたら実現されるのかという方法や道がわからなければ、高嶺の花に過ぎないだろう。人間は人形ではない。いくら救いは神の恩恵で、それは信仰による、と言っても、棚から牡丹餅というわけにはいかないだろう。また、人はいくら神の子であり、神の無償の愛により、恩恵によって救われるとはいえ、自由な人格であるから、正邪・善悪・好悪・得失のいずれかを選ばなければならない。その結果は、自分が引き受けるしかない。これは自業自得の法則といわれる。

『黙示録』の二二章にある世の終わりにおける「キリストの再臨」の箇所で、天使によって神のヴィジョンを受けた使徒ヨハネは、こう記している。

「……神を礼拝せよ。」また、〔天使は〕わたしにこう言った。「この書物の預言の言葉を、秘密にしておいてはいけない。時が迫っているからである。不正を行う者には、なお不正を行わせ、汚れた者は、なお汚れるままにしておけ。正しい者には、なお正しいことを行わせ、聖なる者は、なお聖なる者とならせよ。見よ、わたしはすぐに来る。わたしは、報いを携えて来て、それぞれの行いに応じて報いる。わたしはアルファであり、オメガである。最初の者にして、最後の者。初めであり、終わりである」（22・9―13）と。

だから、天国における救いというのは、恵みとして与えられるものであると同時に、功徳や報いとしても与えられるものであることをしっかりと肝に銘じなければなるまい。

少し脱線するが、かつて陽明学者で戦後の歴代首相の指南役を務められた東洋哲学者、安《やす》岡正篤《おかまさひろ》（明治三一―昭和五八）の著作をいろいろと読んでいると、とある本の中で（書名を忘れた）、こう書いているのが眼に止まった。そして、愕然とした。歴史を見れば、確かにそうだと頷かざるを得なかった。

「宗教が栄えても、道徳が低落した国々は、みな滅んだが、宗教が微弱でも、道徳が健全に栄えて滅んだ国はない」という意味の言葉である。道徳とは、人間が人間らしく歩むべき道にほかならない。悪を避け、善を為し、何事も愛徳をもってなすことであろう。仏教ならば、「諸悪莫作《しょあくまくさ》・衆善奉行《しゅぜんぶぎょう》・自浄其意《じじょうごい》・是諸仏教《ぜしょぶつきょう》」という。意味は、諸々の悪しきことをせず、もろもろの善いことを実行しなさい。そして、自ずからその意（こころ）を浄めていくこと。これが「七仏通誡《しちぶつつかい》」の偈《げ》と言われ、多くの仏が説かれた普遍的な道理（真理）であるという意味にほかならない。

わたしは明恵上人《みょうえしょうにん》（一一七三―一二三二、鎌倉前期の華厳宗の僧）が大好きで、京都の洛西にある栂尾高山寺には、元気な時、何回も登ったことがある。彼は「阿留辺畿夜宇和《あるべきようは》」を座右の銘にした。『栂尾明恵上人遺訓』には、「人はあるべきようわの七文字を持《たも》つべきなり。僧は僧のあるべきよう、俗は俗のあるべきようなり、云々。このあるべきように背くゆえに一切悪しきなり」とある。道徳、モラルというのはこういうことを指すのではないだろうか。砕いて言えば、神父は神父らしく、先生は先生らしく、信徒は信徒らしく、会社員は会社員らしく、社長は社長らしく行動すべきなのである。何も難しいことはない。自然に振る舞うことなのだ。

キリスト教ならば、「十戒」すなわち主キリストが言われたように、「殺すな、姦淫するな、盗むな、偽証するな、父母を敬え、また、隣人を自分のように愛しなさい」（マタ19・18―19）を実行することである。社会がこうしたモラルの盛んな世の中であったならば、二〇二〇年に流行した新型コロナウイルスの感染などの災難をも招かなかったかもしれないだろう、とわたしは思っている。

人生を意義深く、平安な気持ちで、愛と喜びに満ちて、幸せに生きていくためには、人間らしく道徳的に生きようとしなければならない。「悪い人ほどよく眠る」という言葉も聞いたことがあるが、自然の法則（それは神の定めたもの）によれば、私利私欲私心のままに生きながら、心身健康で幸せな生涯を送り、天寿を全うしたという事例を、わたしはあまり知らない。人生の不幸は、不道徳な生き方や振る舞いと裏腹になっているのではないか、と常に思っているので、幸せでありたかったら、道理に適った生き方をしなければと心掛けてきたつもりである。

今までいろいろと述べてきたように、人は本来、神の似像であり、神のパートナーであり、その顕現であり、主イエス・キリストによって神の子となる（ヨハ1・12参照）よう定めらた尊い存在である（ロマ8・29参照）。だから、どんな人も、心の深奥では神に憧れ、神と一体になることを切望しているのである。これこそ究極の救いにほかならない。わたしは若いとき、フランシスコ会の教会で洗礼を受けたので、アッシジの聖フランチェスコの伝記や著作を愛読した。アッシジの町は三回訪れた。一度は、アッシジの丘を登り、美しいウンブリア平原を眺め、昔のままの家並みを見ていると、十二世紀にタイムスリップしたような感じがした。そこでフランチェスコが、いつも「わが神よ、わが総てよ」（ロマ11・36参照）と祈りながら歩いている姿を想像したものである。

これまで述べてきたように、人間の究極の救いが、自然界を超えて、神の子とされ、天国（神の国）で至福直観のうちに三位一体の神と合体することであることは理解できたと思う。だからと言って、ただ主イエス・キリストを信仰し、洗礼を受けだけで、自動的に救われるのだろうか。それはいわば資格を得たというに過ぎないのではないか。主キリストは言われた。「わたしに向かって、『主よ、主よ』と言う者が皆、天の国に入るわけではない」と断言された。そして、「わたしの天の父の御心を行う者だけが入るのである」（マタ7・21）と言われた。だから、キリスト教を信じて、洗礼を受けたからといって、安心はできないのである。では、天の父の御心とは、何だろうか。どうしたらそれを実践することができるだろうか。これが最も重要な問題である。これは、自然界の法則を超えた、霊的・超自然的な神界の問題であるがゆえに、自然的な能力や機能を超える。あくまでも、主キリストによって与えられる恩恵（〈ラ〉グラティア・神的賜物）の力や働きによることをまず肝に銘じなくてはならない。

そこで主イエスが教えられた「天におられるわたしたちの父よ、み名が聖とされますように……」（マタ6・9—12）と祈る「主の祈り」にあるように、わたしたちの父である「主なる神」は、われらが子と呼ぶべき人びとの罪科を贖い、赦して天国に救うために、御子が受肉され（ヨハ1・14参照）、ナザレのイエスとして、苦難と十字架の死を甘受され、栄光の身体に復活されて、人類と宇宙の救い主となられるようお定めになられたのである。こうして、神の御子が人の子と成られたことによって、人びとは神の子らとして救われることができるようになった。だから、天国に入り、三位一体の神と顔と顔を合わせて交わるためには、主イエスが最後の晩餐の時に愛弟子たちに、「わたしは道であり、真理であり、命である。わたしを通らなければ、だれも父のもとに行くことができない」（ヨハ14・6）と言われたから、イエスを主キリストと信仰して、全面的に主に信頼し、学びと祈りと愛徳をもって、主イエス・キリストに従っていかなければならない。わたしは、十九歳で洗礼を受けてキリスト者になった。その時、拠り所にしていたみ言葉があった。それは、イエスが弟子たちに言われたみ言葉である。

> わたしについて来たい者は、自分を捨て、自分の十字架を背負って、わたしに従いなさい。自分の命を救いたいと思う者は、それを失うが、わたしのために命を失う者は、それを得る。人は、たとえ全世界を手に入れても、自分の命を失ったら、何の得があろうか。自分の命を買い戻すのに、どんな代価を支払えようか。人の子は、父の栄光に輝いて天使たちと共に来るが、そのとき、それぞれの行いに応じて報いるのである。（マタ16・24―27）

聖フランシスコ・ザベリオ（一五〇六―五三）は、かつてパリ大学の学生のとき、師父聖イグナチオ・デ・ロヨラから、このみ言葉を聴かされて改心したと言われる。自分を捨てるというのは、「我執《がしゅう》」――自我というのは、自分が今の人生を生きていく上での手段として、これがわたしであると思い込んでいる自分に過ぎないが、これが本当の自分だと錯覚し、執着している状態のこと――から解放されなさいということ。自分の十字架を背負うとは、日常生活で直面する人生不如意《ふにょい》の苦を受容すること。イエスに従うとは、その教えを守り、その足跡を辿ることである。換言すれば、神の真理を知り、宣べ伝え、万事において愛徳を実践し、平安と喜びに満ちた生き方をすることではないだろうか。もしわたしたちが、こうした主イエス・キリストの道を神との一体化のうちに、天国に入ろうという大志をもって歩み続けるとき、救いである真理と命が自ずと現成してくるにちがいない。キリストの道が即、永遠の命であり、救いだからである。

数多くある仏教経典の中で、短いがわたしにとって極めて興味深い経典がある。それは『仏説箭喩経《ぶっせつせんゆきょう》』である。その中に、「毒矢の喩え」というお話がある。かいつまんで粗筋を書くとこうなる。

ある領主が大勢の家来を連れて狩りをしていた。すると、どこからともなく毒矢が飛んできて家来の一人に当たり、彼は倒れた。領主は急いで、医者を呼び、治療に当たらせようとした。すると、毒矢が当たった家来は、こう言った。この毒矢は何処から飛んできたか。誰がこの毒矢を射たのか。何のために私を射たのか。その毒矢は何でできているのか、それが解るまでは、医者の治療を受けないなど、色々と領主に訊ねた。これに対して、領主はそんな形而上学的な問いに今は答えている場合ではない。今速やかにしなければならないことは、毒矢に射られた家来の手当てをし、治療することだ。でなければ死んでしまう。良くなったならば、質問に答えよう、と言われた。

釈尊は、この喩えを出して、弟子たち、すなわち神が存在するのか否か、宇宙が永遠か否か、霊魂が不滅なのか否か、死後の世界があるのか無いのか、などという形而上学的な議論の好きなインド人（彼らはインド・ヨーロッパ語族で、アーリア人種）に向かって言われた。カルマ（業《ごう》、行為やその習慣を指す）や煩悩によって無明《むみょう》の闇に覆われ、執着という病魔に侵されている人は、真実を悟ることができない。だから、まず無明や煩悩という闇から解放され、癒やされることが先決問題なのだ。そのために釈尊は、仏法を説かれたのである。かくて釈尊の弟子たちの多くは仏法に帰依し、修行をされて悟りを開かれた。そのとき、彼らは宇宙の真実界に開眼したのである。それで方方に伝道するのであった。

わたしが、ドイツ人でＪ大学の教授のＥ神父が設立した「かつらぎ会」という大学生を含めた若者を対象にしたグループで、キリスト教の講座を始めたのは、一九七〇年一月であった。時代のせいか、幸い当初から割合多くの若者が講座に集まってきたので、やはり神からの霊感を受けて始めた伝道活動なのだと確信したものだ。これは今日でも変わらないが、人数は人にもより、時代や社会情勢の変化にもよるので、減少している。しかし、悲観することはまったくない。神が命じられた主キリストの福音を愚直に伝道するだけで、満足であり、幸せであり、嬉しいのだ。そして、講座にはいつも歓喜があった。講座に何人の人びとが来るか、そのうち何人が洗礼を受けるかは、まったく神のはからいによる。わたしはただキリストの道具として講座を開いているだけである。

肝心なことは、イエスを主キリストと信仰し、その福音を通して、無明の闇から解放されることである。それを罪が赦され、神の恩恵によって新生すると言ってもよいだろう。そのためには、信仰と祈りと愛を生き方の基本にしなければならないというのが、わたしの講座の根本的な信念であり、方法論である。これによって、わたしは五〇年間、多くの求道者を信者に導いてきた。そして、信者になったならば、所属の教会で信仰を深めていくように勧めた。信者にとって教会は、霊的わが家であり、神の恩恵を溢れるほど豊かに受ける場なのだからである。

さて、紙面も終わりに近づいてきた。最後に、人々が人類の救い主であり、永遠の命への道である主イエス・キリストによって救われるためには、ナザレのイエスを主キリストと信じる信仰と洗礼がなければならない、というのが神の啓示である。それによって、どんな人も神から義と認められる（ロマ３・22参照）であろう。が、誤解して欲しくないのは、後は自動的に救われるというものではないということである。義人と認められたキリスト者は、愛徳を実践しなければならない。三位一体の神を愛すること、自分自身を愛すること、人々を愛することを生活において実践しなければならない。それを容易にするのが、「同行二人《どうぎょうににん》」という考え方や行ではないだろうか、とわたしは考える。これは日本真言宗の開祖弘法大師空海を崇める真言宗の宗徒たちが、四国八十八か所の札所を巡礼する（お遍路）ときの心構えであり、行《ぎょう》である。そのとき、白装束の巡礼者が右手に持つ杖が、お大師様を象徴していることになる。杖を突いて歩く巡礼者は、お大師様と一緒に歩いていることを表しているのだ。そう言えば、友人と二人で数年前に土佐の高知市を訪ねた時、ある札所の前で写真を撮っていると、数名の巡礼者が参詣に寄られ、一定の手続きをなさった後、拝んでおられるのに遭遇したことがある。皆さん、真剣に祈っておられるのが、印象的であった。

わたしはかつて道を歩いていて転び、脚などを怪我したことがある。それでドクターからステッキを使用して歩き、転ばないよう忠告された。それで散歩のときなど、右手にステッキを持って歩いている。非常に楽だし、安定感がある。それで同行二人という言葉を思い出し、主イエスと同行二人になろうと思った。そこで散歩や用事などで歩いている時には、常に右手に杖（ステッキ）を持ちながら「ナム（南無）主イエス・キリスト、アーメン」と唱えている。それはかつて復活された主イエスが、エルサレムから約十キロぐらい離れた処にあるエマオという村に帰ろうとしていた二人の弟子に現れた出来事にもよく示されている。かいつまんで記すとこうなる。

イエスをメシアと信じて弟子となったクレオパともう一人の友が、エルサレムで起こったイエスの十字架の刑による死去に絶望し、実家に帰ろうと旅をしていた。するとひとりの旅人が彼らに近づき、何を話しているのか訊ねた。クレオパは、エルサレムで起きたイエスの十字架の死刑とその死後三日目にイエスが甦ったという婦人たちの証言もあったが、信じない彼らは帰路についたというわけである。

そこで、旅人の姿をしていた主イエスは、彼らと一緒に歩きながら、イエスが聖書に預言されているように、三日目に墓から復活されることになっている次第を聖書の預言に基づいて説明された。その間、弟子たちの胸は燃えていた。が、眼の前にいる旅人が、主イエスとは気がつかなかった。宿屋に着いたので、イエスは通り過ぎようとするが、引き止められ、彼らと夕食を共にすることになった。その時、「イエスはパンを取り、賛美の祈りを唱え、パンを裂いてお渡しになった。すると、二人の目が開け、イエスだと分かったが、その姿は見えなくなった」（ルカ24・30―31）とある。

こうして復活の主イエスを見た彼らは、急いでエルサレムに戻って、使徒たちにその体験を告げたのであった（ルカ24・13―35参照）。

この出来事を読まれたなら、復活の主イエス・キリストがいついかなる処でも、あなたの傍にいらっしゃるのが、信じられるだろう。すると一つの反論があるかもしれない。エマオの弟子たちは確かに復活された主イエスを肉眼で見ることができた。けれども、主だと気がついた瞬間には、主イエスの姿は見えなくなったのではないか。どうして主が常にいつもわたしの傍にいるのがわかろう、と反論されるかもしれない。この反論への答えは一つしかない。復活された主イエスの身体は霊化されているから、神のごとく遍在である。あなたが、イエスはわたしの傍にいつもおられると信じるならば、そういう経験をするだろう。もし信じなければ、経験しないだろう。それだけのことである。

だから、いつ いかなるときも、復活の主イエス・キリストと共に神への道を歩んでいるのだという意識をもって、生活することである。これが主イエス・キリストとの同行二人にほかならない。

教皇庁とヴァチカン市国

菅原　裕二

教皇が住む町

ヴァチカンとはローマ市の西側、テヴェレ川右岸のヴァチカンの丘にあるカトリック教会の総本山を指し、教皇がそこに住んでいる。この地はジャニコロの丘とモンテ・マリオ地区にはさまれ、九世紀にレオ四世が建造した城壁に囲まれている。殉教の後、使徒ペトロがこの丘にあった墓地に埋葬され、四世紀にキリスト教が公認されると皇帝コンスタンティヌスによりこの初代教皇の墓の上にサン・ピエトロ大聖堂が建立されたのが総本山になった由来である。「すべての道はローマに通ず」ではないが、ヴァチカンは世界に十一億人を超える信者を擁するカトリック教会の聖地であると同時に教会組織の中央官庁の機能を果たしている。カトリック教会の制度的な柱は「福音（教義）」「（七つの）秘跡」「位階制」だが、その位階制の一番中心にいるのが教皇である。

ローマの教会の司教を教皇と呼び、その人物は「司教団のかしら、キリストの代理者、この地上における普遍教会の牧者」（教会法331条）である。教皇と訳されるスムス・ポンティフェックスを直訳すると「最高位の橋渡し役」となるが、神と人との、天と地上の世界の橋渡しを果たす人である。ローマ教皇は神の制定によって「キリストがご自分の羊の群れの世話を委ねたペトロの後継者」（第二ヴァチカン公会議「司教教令」2項）で、「委ねられた人々の世話をするために、最高で完全、直接で全世界の教会におよぶ権限を有して」（同）おり、これを教皇の「首位権」と呼んでいる。「神の制定」によるとは、「人定法、教会法」に対して「神法」と呼ばれる事柄で、カトリック教会では人間の手でけっして変更することができない信仰の根底部分を構成している。

教皇のこうした位置づけには聖書的な背景がある。イエスこそ神の子であると信仰を告白したシモンに対し、イエスは「あなたはペトロ。わたしはこの岩の上に私の教会を建てる。わたしはあなたに天国の鍵を授ける」（マタ16・18）と語った。この約束と使命は、キリストがペトロに個人的に委ねただけでなく、その後も使徒団の頭に継承されるというのがカトリック教会の理解である。この後継者とはローマの司教のことであるという理解と実践の跡が二世紀の書簡に見られ、現在までこの使徒継承性の教義が堅持されている。

　多大な責任と権限を委ねられている教皇は、現在、ヨーロッパ以外から一三〇〇年ぶりに選出された人物である。南米出身の初めての教皇フランシスコは、カトリック教会の重心が南米に移動している事実を目に見える形で表している。さらに言うならばそれは西欧から東欧へ、北米から中南米へ、ヨーロッパからアジア・アフリカへの移動である。しかし、こうした変化の中でも教皇はローマに住んでいる。現教皇は選出当時からフランシスコという教皇名や修道会（イエズス会）出身であることなど新しさが話題になった。選出の日、夕方まで雨が降り続いていたにもかかわらず、サン・ピエトロ広場には多くの信者が集まっていた。各国メディアのテレビカメラもリポーターも信者の集団も教皇選挙の結果を固唾をのんで見守っていた。午後七時過ぎに白い煙が上がり、大聖堂の鐘が鳴り響くと、広場はどよめきに包まれ、その声は次第に「ビバ・パパ（教皇、万歳）」という歓声に変わっていった。新しい教皇が誕生したという知らせはテレビやネットを通じてあっという間に広まり、ローマに住む聖職者も信徒も新しい教皇を一目見て、祝福を受けようと続々と広場に向かってきた。教皇が白い衣に着替えを済ませ、教皇名を選び、一緒に祈るために聖ペトロ大聖堂のバルコニーに姿を現すまでの一時間のうちに、集まった人は数万人に上った。

　その日から数年が経った現在も、日曜日正午の祈り（アンジェルス）や水曜日の一般謁見など、教皇が姿を現す機会には巨大な広場が人で埋まる。教皇は広場を見下ろす執務室からメッセージを読み上げ、一緒に祈るように招き、集まった数千の人々に話しかけ、しばしば広場に下りてきて信徒を祝福する。迎える信徒の熱狂的とも言える態度は教皇個人の人柄によるものなのだろうか。多大な責任と権限を委ねられている人物を一目見たいと望んでいるからなのだろうか。

　ヴァチカンは年間を通して世界各地の巡礼者を迎える教会の総本山であると同時に、教会組織の中央官庁の機能を果たしている。総本山だから独特の雰囲気がある。ローマの中心部からヴァチカン市国に近づいていくと聖職者や修道者の姿をたくさん見かけるようになる。サン・ピエトロ広場を囲んでいるどの省を訪問しても皆が黒っぽい地味な服装をしている。すべての人が平等であることは全員が納得しているのに階級社会の名残が色濃く残っており、教皇に会うときには服はもちろん靴の色まで黒を着用せよという細かい指示が出る。

　ヴァチカンは密室的で権威的であるとも批判される。聖座は世界に広がる教会全体を支えるために権限を有する「制度としての宗教」の中心の役所としての顔を持っている。役所であるがゆえに保守的な面があり、官庁であるから中央と地方の対立、前例主義、縄張り争いといった、どこにでも見られそうな問題にも事欠かない。こうした顔を持つ教会の最高の長をつとめる教皇とはどのような存在で、具体的にどのような権限を委ねられているのだろうか。なぜヴァチカン市国は誕生し、存在し続けているのだろうか。

教皇選挙

教皇は原則として終身制であるため、選挙が必要になるのは、通常、亡くなった場合であるが、理論的には他に可能性がないわけではない。教皇が精神的な病気にかかって職務が執行できなくなった場合、異端や背教に陥ってカトリックの教えと信仰を離れたと判断される場合である。教会法七五一条によれば受洗後、神的かつカトリックの信仰をもって信ずべきある真理を執拗に否定するか、その真理について執拗な疑いを抱くことを「異端」といい、キリスト教信仰を全面的に放棄することを「背教」という。

さらに教皇には辞任することも可能である。生前に教皇が退位した事例は歴史上いくつか見られ、自発的な辞任は一三世紀のチェレスティーノ五世の退位が例外的で、二〇一三年のベネディクト一六世の辞任は大きな衝撃をもって受け止められた。辞任したい場合、教皇は選挙権を持つ枢機卿の会合で選ばれるものの、その権限は神から直接に受け取るとされているので、意思が正しく自由に表明されれば十分で、誰かによって辞任が受理される必要はない。

四世紀にローマ帝国でキリスト教が公認されると、ローマ司教は近郊の司祭が集まって選び、ローマ市民の承認を得るという習慣ができていった。八世紀になると枢機卿による選挙が制度化され、市民は賛意を表すことだけが認められるようになる。一一世紀に聖職者枢機卿だけによる選挙、一二世紀にはローマ市民の賛意を不要とすることが定められた。現行法はパウロ六世により制定された特別法（一九七五年）で、枢機卿による選挙である。枢機卿とは教皇の補佐をするために選ばれる聖職者（通常は司教）で、任命は教皇が行ない、終身制である。

　教皇選挙に関して「カトリック教会法典」には規定がなく、特別法が適用される。選ばれる資格は、男性の受洗者であること、理性に基づく判断ができ、カトリック教会の構成員であることである。教皇座が空位になると、一五日から二〇日の間に首席枢機卿（通常はヴァチカン国務省長官）によって世界各地の枢機卿がローマに招集される。投票できるのは八〇歳未満の枢機卿で、定員は一二〇名であり、定員を超えるときには任命順に招集される。新しい教皇が自由に新しい任命を行えるように、使徒座の各省庁の責任者（長官・議長）は職務が停止され、次官が権限を預かって、空位中の通常の業務を行うことになっている。

　投票は外との接触を断ったうえで三分の二プラス一票の得票者が出るまで午前と午後に二回ずつシスティナ礼拝堂で行なわれる。近年の法改正で、携帯電話などの電子機器は持ち込みも使用も禁止されている。投票後に投票用紙を燃やし、薬品を混ぜて煙の色を替えることによって選挙結果を外部に知らせる（決まると白い煙）という習慣もある。選挙による選出が不可能な場合、委員会を作って協議したり、集まった枢機卿が全会一致するならば選挙なしで選出され得ることが規則に載っている。

法の規定に従って選挙が行なわれ、選ばれた者が結果を受理すると新しい教皇の誕生である。教皇はローマ司教なので、司教でなければその場で司教聖別がなされる。選挙結果を受諾すると教皇はすべての権限を神から（司教団や選出母体の枢機卿団から独立して）受け取る。選ばれた人は教皇名を選び、広場と世界に向かって最初の祝福を与えることになっている。

現在の選挙の原型となっているのは一三世紀のグレゴリオ一〇世の改革で、政治的影響を受けて選挙が歴史上最長の三三か月という長時間を要したため、市民が扉を閉めて外界との接触を遮断し、そこからコンクラーベ（鍵をもって）という選挙の呼び名が生まれた。

教皇による教会統治

第二ヴァチカン公会議は、「聖ペトロと他の使徒が唯一の使徒団を形成しているのと同じように、ペトロの後継者であるローマ教皇と使徒の後継者である司教団は結びついている」

のは主イエス自身の制定（神法）である（「教会憲章」22項）と語っている。ローマ教皇はその首位性によって教会全体に対してだけでなく、個々の部分教会（教区）に対しても権限を有している。聖ペトロと使徒団が一つに結ばれているため、教皇が持つ首位性によって、委ねられた部分教会において司教が持つ権限も根拠を有すると考えるのがカトリック教会の統治理論である。

カトリック教会にも三権があるが、教皇はすべての権限の上に存在しており、三権分立はない。教皇は立法権によって教会全体に適用される法律の改廃を行う。一九八三年のラテンカトリック教会法典、一九九〇年の東方カトリック教会法典の制定はその例で、さらに特別法の制定、修道会の会憲の承認も行う。制度の改革は法規の改正を伴う。省庁改変、聖座特別法の改廃、ヴァチカン市国の法改正など使徒座の内部改革にかかわる内容も、列聖列福、教会法典の条文改正など教会全体にかかわる内容も法律が扱う。立法権の分野ではヨハネ・パウロ二世が第二ヴァチカン公会議を受けて公布した二つの「教会法典」が現在は中心的な役割を果たしているが、カトリック教会内で法的な効力を有する制度の施行のために、教皇は「使徒憲章」や「自発教令」と呼ばれる書簡の形式をしばしば用いる。

「使徒憲章」は新しい教区の設立や教会管区の統廃合など教会内の重大な法的な決定を通達するものとして用いられる。制度の大規模な改廃はもちろん、現教皇の元では女子観想修道会の規則に関する『神の顔を求める』（二〇一六年）や世界に広がる教皇庁認可の大学・学部の機構に関する『真理の喜び』（二〇一七年）で根本的な規定を定め、『司教の交わり』（二〇一八年）では司教会議の機構の改革を断行した。

現行法典の公布の後、三〇年の間にいくつかの条文の改正は見られたが、現教皇は着任した直後から聖座の財政機構や教会法の改正、全人的発達への奉仕を扱う新しい庁の設立などに始まり、「奉献生活の年」や「いつくしみの特別聖年」の制定を「自発教令」という文書を用いて行っている。聖職者による幼児虐待、修道者の修道院の不法な不在、司教の引退時期などに関する法改正も近年矢継ぎ早に出され、教会の制度改革のためにこの手の教令が特定の役割を担っている。

司法権に関しても教皇は教会裁判所の長であり、通常はローマ裁判所を通じて権限を行使するが、国家元首や枢機卿など高位の人の裁判や、聖職者の不適格障害に関する事例などは自らが裁くことになっている。教会の行政に関する事柄は多岐にわたり、量も膨大であるが、教皇にしかできない案件は教区の設立や改廃、司教の指名と更迭、奉献生活の会の免属などが挙げられる。

このように教皇にはキリストから委ねられた預言職、祭司職、王職に関して最高の権限と責任と手段が与えられているが、統治のためにさまざまな形で補佐も受ける。個人的に補佐を行う代表者と言えば枢機卿と司教であり、世界代表司教会議（シノドス）は集会の形でそれを行う一つの形式である。カトリック教会全体に対する業務を通常はローマ教皇庁を介して行う。統治の任務を果たしているのは聖座で、後述するように具体的にはバチカンに存在している教皇庁の機関を指し、構成と権限は特別法によって規定されている。

教皇の教導職

教皇の首位性を宣言した第一ヴァチカン公会議の「パストール・エテルヌス」はその不可謬性（不謬性とも訳される）も語っている。キリスト教の信仰と道徳を正しく教え導く務めを「教導職」と呼ぶが、教皇にはその最高の責任が委ねられている。教皇座から（エクス・カテドラ）全教会に向けて堅持すべきものとして決定的に教理を宣言するとき、教皇は不可謬性を有しており、この教えは第二ヴァチカン公会議でも堅持された（「教会憲章」25項）。もちろん、どのような教理も明白に表明されていない限り、神の啓示に従って誤りなく決定されたものとはみなされない。

教皇だけでなく、司教団も公会議に参集し、あるいは散在しながら全教会のために信仰や道徳に関する教理を決定的なものとして堅持するよう意見の一致をみる場合、不可謬権を有するとみなされている。しかし司教団がこれを実行できるのは、司教相互の間の交わりがあり、かつ教皇との交わりの絆を保っていることが条件で、「教える任務」に関しても教皇が果たす役割は決定的である。

教皇の教導権の内容は教義（ドグマ）の制定、誤謬の指摘と矯正、列聖と列福、典礼規定の制定があるが、通常それを教皇文書の公布という形で行う。例外的に現代語が用いられるが、通常はラテン語を公式文として主要な西洋語の訳文がつけられ、本文冒頭のラテン語の数語をそのタイトルとして「使徒座官報」に発表される。これらの文書は全教会の牧者、司教団の頭として、教皇の通常教導権に基づく教えを伝えることを目的とするが、教皇座宣言（エクス・カテドラ）による荘厳な教義上の定義の公布に当たるものではない。しかし、信者はその内容を意志と理性による恭順の心を持って受け入れなければならないとされている。

カトリック教会全体に関わる事柄について、教皇が使徒座と交わりのある司教に宛てて送る司牧的文書を「回勅」と呼ぶ。語源となるギリシア語は、古代、君主や行政官が法律や命令を公布・通知するために用いた形式を指すが、四世紀から教会内で司教が送る書状の意味で用いられ、七世紀以降、教えや教令を内容とする教皇文書を意味するのが通例となった。現代的意味での回勅はベネディクト一四世の『ウビ・プリムム』（一七四〇年）に始まり、ピウス九世以降、教皇による教導職遂行の恒常的な手立てとなっている。

回勅にはある特定地域の教会を対象として書かれたものもあるが、現在はカトリック教会全体を対象とした重要度の高いものを内容とし、司教を通じて全世界の信者に向けられ、ヨハネ二三世の『パーチェム・イン・テリス』（一九六三年）以降、「すべての善意ある人々に」という表現が冒頭に見られる。扱われる内容には信仰と道徳に関する全般的なあるいは特定の問題について教義上の教えを述べるもの（誤謬とされる命題を指し示す一覧表を含むことがある）と、レオ一三世の『レールム・ノヴァルム』（一八九一年）に始まる教会と国家の関係や人権問題に関する教会の「社会教説」を述べるものに大別される。こうした教皇の文書は「使徒座官報」を通じて公表される。

教皇は教会内の事柄だけでなく、社会問題についても発言する。そのためにしばしば用いられるのは「説教」や「演説」であるが、教会が初めて大きく環境問題を語るために教皇フランシスコが公布した『ラウダート・シ』は回勅である。現教皇は「貧困」と「格差」の問題に積極的に取り組み、自らが質素な生活が送るが、この文書は環境の課題だけでなく社会構造のすべての領域を対象としている。近代の教皇は政治的な指導者に対しては難民や移民の課題に取り組むように語りかけ、内戦を終わらせ、武器の輸出に歯止めをかけるように声を上げる。教会自身の回心について語り、快楽主義、消費主義、あるいは行き過ぎた自由主義を諭す。個人のレベルにとどまることなく、資源の浪費や貧しい国の搾取の現実を指摘するが、こうした「社会教説」を一九世紀末のレオ一三世から歴代教皇は積極的に行っている。

公会議

語る順番が前後したが、教会における交わり、そして教皇の首位性の表現に「公会議」がある。地域の教会間の交わりを促し、新しい事態に対処するために司教が集まって討論する伝統は、たとえば「使徒言行録」一五章に登場するエルサレムの使徒会議のように初期の時代から存在する。教会会議にとって重要なのは「使徒継承性」であり、会議とは司教が会することを意味していた。

最初の公会議は三二五年、イスタンブール近郊のニケアで行われ、三一八人の司教が集まったとされるが、実は教皇でなく皇帝コンスタンチヌスによって召集されている。この公会議はキリストの本性についてアリウス派を異端として排斥し、教会の信条を定めた。ニケア公会議以降、教会会議の決議事項をカノンと呼んで国家の諸法規（レックス）と区別する習慣が登場している。古代の公会議はグノーシス派やマルキオン派の異端に対して教義の正当性や、異端に陥った人の再洗礼の必要性などを定めている。その時期の公会議が扱った事柄には去勢の禁止、聖職者の貞潔と定住、司教叙階の取決め、異端の相互排斥などの教会規律に関する事柄も多く、教義に関する事柄と教会内の規律に関する事柄の両方を扱う伝統は古代から見られる。

歴史上開かれた二一回の公会議で、現代の教会に決定的な役割を果たしているのは第二ヴァチカン公会議である。名前が示すとおりヴァチカンの聖ペトロ大聖堂が会場とされた。一九六二年教皇ヨハネ二三世が招集し（第一会期）、同教皇の没後パウロ六世が一九六五年まで第二〜第四会期を主宰した。公会議史上初めて全大陸から司教が参加し、カトリック以外のキリスト教会の代表者がオブザーバーとして招かれ、参加者総数は二八六〇名にのぼった。日本からも十数名が参加している。

ヨハネ二三世は信仰の遺産を忠実に守るだけでなく、キリストの福音に従い、現代世界の問題を理解し現代的表現をもって福音を宣べ伝えるためカトリック教会を今日化（アジョルナメント）するという司牧的配慮を基本理念として繰り返した。教義の確定や規律の強化よりも司牧的な視点に基づいて活発な議論が行われた。三年の準備期間に用意された草案は本会議場でさらに修正を受け、公会議は根幹となる典礼、教会論、啓示、現代世界における教会に関する四憲章の他、広報機関、東方カトリック教会、エキュメニズム、司教の司牧任務、修道生活の刷新、司祭養成、信徒使徒職、宣教活動、司祭の役務と生活に関する九教令、キリスト教教育、キリスト教以外の諸宗教、信教の自由に関して教会の態度を外部に示す三宣言を発表した。

第二ヴァチカン公会議の意義として特に挙げられるのは、教会が神との交わりと全人類一致のしるしであり、すべての信者がキリストの預言職・祭司職・王職にあずかる「神の民」を形成すると語る教会論、聖書の中心性、司教団の団体性の強調と教皇の首位性、また典礼が教会生活全体の核心として共同体性を重視し各国語で典礼がなされること、各地域の教会と文化の独自性の尊重などの要素で、これらはその後のカトリック教会内の諸改革を導いた。さらに世界に向かう教会の使命、エキュメニズム、キリスト教以外の諸宗教に関する指針の表明は従来のカトリック教会の態度を大きく変革するものであり、信教の自由が人間の根源的な権利であると宣言したことは世界との対話を強化した。

ヴァチカンにある教会の統治機構

カトリック教会の中央機関を「教皇庁」と呼び、これは聖座（使徒座とも）の機構を指す名称である。「使徒座」とは狭義では全カトリック教会の最高権威としての教皇あるいはその職務を指すが、広義では教皇を頭とする国務省、教会外務評議会とローマ教皇庁の他の機関を意味する。教皇がカトリック教会の教導と統治の職務を遂行するための機関であり、ローマ教皇庁をヴァチカンと呼ぶ通例もあるが、厳密には聖座がその活動を独立して行うために市国に主権と国土が認知・保障されている。「ヴァチカン市国」が国際機関、国際会議に代表を送り、国際協定に参加することは少なく、国際法上認知され、外交団（聖座側からは教皇使節）を交換し、国家と政教条約を締結する主体は多くの場合、「聖座」である。聖座は独立した主体として国連に招かれ、またしばしば国際紛争の調停役を果たしている。

ローマ教皇を補佐する役割は古代から存在したが、教皇庁の組織は聖座が扱う問題の増加と複雑化にしたがって変遷を遂げ、ことに信仰の正統性や教皇や公会議の文書の解釈、宣教に関わる事柄を扱いながら次第に拡大し、一六世紀に現在の形の基礎が形作られた。二〇世紀に入り、ピウス一〇世が大幅な改革をなし、第二ヴァチカン公会議後、パウロ六世が一九六七年に、ヨハネ・パウロ二世が使徒憲章『パストル・ボーヌス』（一九八八年）により改組し、現在、国務省、省庁、裁判所、評議会、事務局から構成されている。これらの機関は教皇に従属し、教皇の権威において与えられた権限内で活動する。省は長官として枢機卿を、評議会は議長として大司教を責任者とし、その下に一定数の高位聖職者が構成員として働いている。顧問を果たす聖職者・信徒を含め、その構成員は教皇により五年任期で任命される。

現行の組織において国務省は総務局と外務局に分かれ、省庁内の諸機関の調整、人事、

「使徒座官報」や「オッセルヴァトーレ・ロマノ」紙の発行、外交などを担当している。省は九つあり、最も古くから存在する教理省は教義に関する重要問題を扱うことを主要な任務とし、教皇庁立聖書委員会、国際神学委員会がそこに所属している。さらに東方教会省、典礼秘跡省、列聖省、司教省、福音宣教省、聖職者省、奉献・使徒的生活会省、教育省がある。裁判所は担当分野別に内赦院、使徒座署名院、ローマ控訴院に分かれ、下位の組織は現教皇のもとで統廃合が進み、新しく信徒・家庭・生命、全人的発達への奉仕、広報の庁が創設され、評議会はキリスト教一致推進、法文、諸宗教対話、文化、新しい福音宣教促進の五つがある。これらの省庁はそれぞれ管轄事項に関わる委員会を擁し、複数の言語による機関誌を定期刊行している。その他教皇空位期間、管財・財務の二事務局と教皇官邸、教皇典礼の教皇内事管理室、さまざまな分野に関わる十の教皇庁アカデミーがある。

　教皇は使節を任命して派遣するが、大使や公使はヴァチカン市国の外交官ではなく、聖座の使節である。送られる対象は第一に各地の教会（たとえば日本の教会）であるが、同時に国家（たとえば日本国政府）や公的機関（たとえば国連）、あるいは国際会議のこともあり、ローマ教皇を恒常的な仕方で代表する職務が委ねられている。聖座は現在一八〇を超える国や地域と外交関係を結んでおり、国連には非加盟であるけれども代表を送っている。日本には一九一九年から聖座の使節（六六年からは大使）が駐在し、日本は一九五二年から在ヴァチカンの使節（五八年からは大使）を送っている。聖座の外交関係は、ヨハネ・パウロ二世が着座した一九七八年には八四カ国であったが、ベルリンの壁の崩壊以後の東欧諸国との関係改善から始まり、その在位期間の終わりには一七四の国と関係が結ばれるにいたった。

政教条約

カトリック教会と国家の双方に関わる「政教混合問題」を規整するために、教皇を代表とする聖座とある国家の間で締結される国際法的な効力を有する条約を「政教条約」あるいはコンコルダートと呼ぶ。最古の政教条約と考えられるのは、教皇カリスト二世と皇帝ハインリヒ五世の間で締結され、後にウォルムスのコンコルダートと呼ばれるようになるカリストゥス協約（一一二二年）で、これによって叙任権闘争に終止符が打たれた。一五世紀になると大分裂（シスマ）や公会議主義の影響を受けて、聖座は高位聖職者叙任権や聖職禄課税権などに関して西ヨーロッパ諸国やドイツ諸侯と政教条約を結ぶが、これらは教会と国家の双務的な契約というよりも、教皇とキリスト教君主との間で交わされた、教会の側からの何らかの特権の譲渡を内容とするものであった。

一九世紀に入ると啓蒙主義が隆盛し、教会もまた国家権力に従属すべきであるという主張が台頭するようになった。教皇ピウス七世とナポレオン一世の間で締結されたコンコルダート（一八〇一年）は教会財産の扱いやカトリック教会の非国教化などを内容としたが、これは近代国家とカトリック教会との間で交わされた最初のもので、一九世紀に締結された三〇を超える他の政教条約のひな型として影響を与えた。第一次世界大戦後の新しい状況に対応するために、一九二〇年代以降、広範な内容を有する多数のコンコルダートが締結されている。「ローマ問題」を解決したラテラノ条約（一九二九年）によって主権国家としてのヴァチカン市国さらにローマ教皇の主権が承認されたが、その際のコンコルダートにおいてカトリック教育などに関して聖座とイタリアとの間に法的な諸関係が規定されて現在に至っている。

　現代、政教条約の形式は締結当事者、目的、内容についての前文に、合意される内容と解釈の方法、改廃と施行に関する記述（条文）が続き、結びに締結の期日、場所、署名が置かれるのが通常である。扱う内容は多岐にわたるが、教会の存在の承認と信教の自由の保障、信者の権利の保護を主眼とし、さらに教区区画、大学における神学部の設置、カトリック校とカトリック的宗教教育、神学生や聖職者の兵役免除や軍隊付司祭（チャプレン）、教会財産、婚姻に関する規定などが対象となる。今日までに締結された二二〇を超える政教条約のうち、少なくとも九五のものが現在も効力を有しているが、日本と締結されたことはない。政教条約は過去においてカトリックを国教とするか国民の大部分がカトリック教徒である国家と結ばれるのが普通であったが、近年ではカトリック以外を国教とする国家や、国教を持たない国、一九八九年までの東欧の社会主義国などと締結されたものが主流となっている。政教条約の交渉と解釈・適用については、ヴァチカン国務省外務局が担当している。

ヴァチカン市国

ヴァチカン市国は教皇庁とイタリアの間で一九二九年に締結されたラテラノ条約によって成立した。これにより一八七〇年のイタリア王国統一以来続いたイタリア政府と教皇領間の「ローマ問題」と呼ばれる対立に終止符が打たれ、国家主権、教皇の領有権、国境、中立性、治外法権を有する地域が定められた。東西約一キロ、幅八五〇メートル、面積〇・四四平方キロの世界最小の国家であるが、国旗、独自の通貨、切手を有し、一九八四年に世界遺産に登録されている。国家としての通常の社会構造や活動をすべて有しているわけではないが、教皇庁の明確な独立と教会の統治、国際社会における活動の自由を享受するために国土と主権を特例的に認められている存在であり、領域の三分の一をサン・ピエトロ大聖堂と付随する建造物が占めている。

現在、教皇は教皇宮殿ではなく、聖座で働く聖職者の住居とするために建てられた市国内の「聖マルタの家」で生活しているが、教皇をはじめ、実際にヴァチカン市国の敷地内に住んでいるのは五〇〇人ほどで、枢機卿をはじめとする聖職者や修道者の他に、市国で独自の切手を発行する郵便局などに勤務する信徒も含まれている。ヴァチカン市国の国籍を持っているのは約六〇〇人で、半数は聖座の外交官であるが、スイス衛兵一〇〇人も含まれる。国籍を有するのは教皇庁において特定の地位と役職を有する者で、かつその在任中である。具体的にはヴァチカン市国とローマに在住する枢機卿、ヴァチカン市国に常住する聖職者と信徒、教皇庁の職員ならびに教皇によって任命を受けた者、また一定の条件下でその家族である。生まれながらにヴァチカン国籍を有する者はなく、ヴァチカン国籍取得によっても元の国籍は失われず、上述の規定にしたがって住所や役職に変更があった場合に国籍も失われる。ヴァチカン市国の土地と不動産は教皇に属するが、この土地には九世紀に外敵の侵入を防ぐために城壁がめぐらされ、一四世紀に教皇常住の宮殿が建てられ、一六世紀に現在の教皇の住居を含め大聖堂が全面的に改築されている。一九世紀に博物館と図書館の拡張工事が行われ、二〇世紀になって鉄道、ラジオ放送発信所、ヘリポート、謁見ホールが建設された。

　領土に関しては古代に始まり一八七〇年まで教皇が統治した教皇領の歴史を見なければならない。教会にはローマを初めとしてイタリア内外に皇帝や貴族の寄進・遺贈による「聖ペトロの世襲領」と呼ばれる領地が存在していたが、八世紀フランク王ピピンの寄進の頃から教皇が政治的支配権を有するイタリア中部・南部の地域を指して「教皇領」と呼ぶようになった。この領土はイタリア半島における民族大移動、特にランゴバルド族の侵入によってビザンティン帝国の権威が弱まり、教会の権威が政治的にも帝国から分離するのと並行して拡大したが、教皇が世俗的な領主であることによって精神的権能が弱体化するもとにもなった。

教皇領における教皇の政治的支配権は中世・近世を通じて不安定で、現実には諸貴族の治下、その覇権争いの場となり、特に教皇のアビニョン遷居や教会大分裂時代にその力は衰弱した。近代以降も変遷を続け、一七世紀に領域は最大に達したが、ナポレオン時代に一時消滅し、ウィーン会議によって教会に返還された。自由主義や教会と国家の分離の思想がヨーロッパに広まると、一八六〇～七〇年にイタリア王国に次第に組み入れられ、その際生じた「ローマ問題」はイタリア独立の約六十年後、ラテラノ条約による象徴的な教皇領ヴァチカン市国成立でようやく解決を見ることになった。

ヴァチカン市国の領域のほか、イタリアの領土であるが治外法権を認められているのはサンタ・マリア・マジョーレ、壁の外の聖パウロ、ラテラノの聖ヨハネの大聖堂（バジリカ）と付随する建物、ローマ郊外のカステル・ガンドルフォをはじめとする教皇の別荘、ローマ市内にある省・裁判所など教皇庁機関ならびにサンタ・マリア・ディ・ガレリアのヴァチカン放送中継所である。その他、若干の教会、教育・文化施設がイタリアによる非課税の対象となっている。

ヴァチカン市国の統治はラテラノ条約締結に付随して成立した基本法（一九二九年）とパウロ六世の治世下に制定された法律（一九六九年）に基づき、これが現教皇のもとで改正を受けている。教皇を元首とする君主制で、教皇が三権を有しているが、立法・行政に関しては五年毎に教皇によって任命される六名の枢機卿を中心とする教皇庁ヴァチカン市国委員会に通常の権限行使が委任され、司法権は単一裁判官と合議制の裁判所に委ねられる三審制が採用され、外交は国務省外務局が担当している。教皇座が空位の際は枢機卿団がその任務を果たすが、緊急の場合を除いて立法権は制限されている。

第二〇回目の公会議である第一ヴァチカン公会議（一八六九―一八七〇年）がピウス九世の下に、第二一回目にあたる第二ヴァチカン公会議（一九六二―一九六五年）がヨハネ二三世の下に市国内で開かれている。教皇庁がその活動をするために認められている主権と国土であり、外交使節を交換し、政教条約を締結し、進化論やガリレオ・ガリレイの名誉回復などの声明を出しているのはヴァチカン市国ではなく聖座（教皇庁）である。市国は郵便・通信に関する国際機関には独立した構成員として所属し、この場合、代表者は聖座の代表ではなくバチカン市国の代表である。

日本の外務省のホームページを見ると、国家としてのヴァチカン市国を紹介して「公用語はラテン語である」と記載されているが、自由に使いこなすことができるのはすでに高齢の聖職者だけになったラテン語が日常会話に使われているわけではない。聖座の各省で用いられている言語は主にイタリア語であるが、回勅やカテキズムなどの教皇文書の原文、最高裁の判例集などは今でもラテン語で出され、学術論文などではこうした原典を引用しなければならない。ヴァチカン市国の建国記念日はラテラノ条約が成立した二月一一日で、ヴァチカン市国は休日となる。（多くの国で日曜日に祝われるようになっている）主の昇天やキリストの聖体の祝日は木曜日に祝われて、やはり休日になる。

ヴァチカンには初等・中等教育機関はないが、教皇庁が認可する学部は世界に散在している。ヴァチカン市国内に大学はないが、ヴァチカン図書館には図書館学の、ヴァチカン文書館には古文書学の専門養成機関がある。より広範な高等教育は教皇庁立大学が担当している。ローマ市内には一四の教皇庁立大学があり、その最古のものはイエズス会の運営するグレゴリアン大学で、創立は一五五一年に遡る。教皇庁立大学は哲学、神学、教会法、教会史、宣教学、社会科学などの学部を有し、神学生や聖職者、修道者、信徒が学んでいる。

ヴァチカンを訪れる巡礼者の中には、サン・ピエトロ大聖堂でのミサに感動する一方で、この巨大な建造物や宝物がところ狭しと並ぶ美術館を見て、聖座は金持ちなのではないかと疑いを持つ人も少なくないだろう。貧しい中で福音を伝えたイエスの素朴で力強いメッセージをそこに読み取ることは難しい。ヴァチカンの財産を少し売って貧しい人々を助けたらどうかという提案は実際に耳にするもので、使徒座がそうした批判を知らないわけではない。しかし、聖座を経由して送られる各地への援助は、毎年、大きな額になる。美術館に展示されているものは大半が信者の寄進で、教会法上、勝手に売却することが許されていない。歴史的な価値を持つものであればなおさらである。同時にヴァチカン市国の一角にはマザー・テレサの会を招くために用意された修道院があって、そこでは朝夕、食べ物が配られるので長い列ができる。目の前にある多くの苦しみを見て、財産をどう用いるのか、ヴァチカンは教会が抱える悩みの例外ではない。

近年の教皇（終わりに）

前述したように現教皇はヨーロッパ以外の国から一三〇〇年ぶりに選出された。三八年ぶりに日本を訪問した二人目の教皇であり、それに合わせるように官公庁もメディアもそれまでの「法王」という呼称を「教皇」に変更している。現教皇がフランシスコという誰も用いたことのない教皇名を選んだことにメッセージを見出した人も多いだろう。石を一つひとつ積み上げて教会の建て直し始めた聖フランシスコ、自ら貧しく生き、貧しい人々と共にいた聖フランシスコ。さらに平和の使徒であるというメッセージを感じ取った人もいる。現教皇の話を聞いて、わかりやすく心に響くものであることも評判になっている。教皇フランシスコのメッセージの特徴は第一にそのわかりやすさにある。できるだけシンプルな言葉遣いを好む教皇の姿勢は、伝統に公会議の新しい思想を組み込んで話しかけたパウロ六世、各地を精力的に訪問しては司牧的に教える姿勢を保ち続けたヨハネ・パウロ二世、神学の分野で教えを深めたベネディクト一六世とは明らかに一線を画すものがある。

さらに比較するならば、一九五八年、七八歳という高齢で選ばれたヨハネ二三世は公会議の開催を宣言して世界を驚かせ、第二会期からそれを継いだパウロ六世は外交畑が長かった法律家でもあった。二六年間在位したヨハネ・パウロ二世は「空飛ぶ教皇」の異名もとった二〇世紀を代表する司牧者であり、その後を継いだベネディクト一六世は第二ヴァチカン公会議後を代表する神学者である。ポーランド人、ドイツ人、アルゼンチン人とイタリア人以外から教皇が選ばれることには教会内にすでに抵抗はない。ペトロの後継者に求められる性格も人格も一つの型があるのではないが、委ねられた使命の大きさは変わっていない。それぞれの時代に必要とされる人物を聖霊が送ってくれることを教会は信じており、多様な経歴と性格を持ちながら、それを目に見える形に表している歴代の教皇の姿は印象的であると思う。

コルカタの聖テレサが示すキリストへの道

片柳　弘史

はじめに

キリストにすべてを捧げた聖人たちの生涯は、キリストという道をまっすぐ指し示す道しるべだと言っていいだろう。人生の道に迷ったとき、聖人たちの生涯はわたしたちに進むべき方向をはっきり示してくれる。アッシジの聖フランシスコ、アビラの聖テレジア、聖イグナチオなど教会には幾多の聖人がいるが、わたし自身は、「マザー・テレサ」として世間に知られるコルカタの聖テレサの導きによってキリストと出会い、司祭召命の道を歩み始めた。今日に至るまで、折に触れてマザーの言葉を読み返し、司祭として生きてゆくための道しるべにしている。今回は、マザーが指し示すキリストへの道を、改めて皆さんと一緒に確認してみたい。

一　マザーと出会い、キリストと出会う

マザーとの出会い

わたしが初めてマザーを知ったのは、テレビの番組を通してだった。一九八一年だから、わたしが一〇歳のときだ。この年、マザーの初来日を記念して、テレビ番組の中でマザーの特集が組まれた。茶の間のブラウン管テレビでその番組を見ていたわたしは、飢えて死んでゆくインドの貧しい人たちの口元に、スプーンで食べ物を差し出す彼女の姿を見てとても驚いた。「世の中に、こんなすごい人がいるのか」と思ったのだ。ヨーロッパの豊かな家庭に生まれながら、すべてを捨ててインドに出かけ、貧しい人たちに奉仕するなんて、ちょっとやそっとでできることではない。ほとんどの人は、インドに貧しい人たちがいると聞いても、「かわいそうだけれど、わたしには何もできない」と思って諦める。それが、ある意味で普通のことだ。それを、この人は「かわいそう」だけで済まさず、実際にインドまで出かけて行った。なんとすごいんだ。わたしは、そのように感じてテレビの画面に見入った。そして自分自身も、貧しい人たちを見て「かわいそうだけど、何もできない」で済ませるのではな

い生き方、マザーのように、貧しい人たちや苦しんでいる人たちのもとに出かけて行って奉仕する生き方を選びたいと思ったのだった。

　仏壇と神棚がある農家で生まれ育ったわたしは、当時、キリスト教のことはまったく知らなかった。マザーがキリスト教の修道女ということも知らなかったはずだ。だが、今から思えばこのとき、わたしの心に「神の愛の種」が蒔かれたのだと思う。マザーの姿を見たときわたしの心に宿った、「苦しんでいる人がいたら、放って置くことはできない」という思いこそ、キリストの説いた「善きサマリア人」の愛であり、神の愛に他ならないからだ。教皇フランシスコは、マザーの列聖式に際して、マザーは「わたしたちにとっての唯一の行動規範は無償の愛」であることを思い出させてくれる聖人だと語った。人種や性別、年齢、職業などに一切関係なく、苦しんでいる人がいたら助けの手を差し伸べる。それだけが、キリスト教の行動規範だということを、マザーはわたしたちに思い出させてくれたということだ。マザーが示した愛の模範は、キリスト教をまったく知らない子どもの心にも無償の愛の大切さをしっかりと刻み込んだ。マザーの姿を通して、当時一〇歳だったわたしの心に「神の愛の種」が蒔かれたのだ。

　その後わたしは、苦しんでいる人たちの役に立てる人になりたいという思いから、法学部に進んで法律を学んだ。大学四年生のとき、父が亡くなったのがきっかけでキリスト教と出会い、神の愛に心を動かされて洗礼を受けることになった。わたしの心の中で、「神の愛の種」は着実に育っていたのだ。受洗後、人生の道に迷う中で、わたしはインドに旅立った。マザーがまだインドで存命であることを知り、彼女に会いさえすれば、きっと道が開けるに違いないと思ったからだ。実際にマザーと出会って、わたしはその確信をさらに深めた。そこで、「道が見つかるまでマザーのもとに留まろう」と決意し、彼女が運営する施設の一つである「死を待つ人の家」でボランティアとして働き始めたのだった。

　そんなある日、思いがけないことが起こった。ボランティアとして働き始めて三か月ほどが過ぎた頃のことだ。その日わたしは、いつものように「死を待つ人の家」での奉仕を終えると、夕方の祈りに参加するため本部修道院の聖堂に向かった。聖堂の前で知り合いのシスターとたまたま出会ったので、わたしは立ち話で彼女に自分の近況を話していた。すると、マザーが奥にある事務室から出てきた。いつもならスタスタと早足でわたしたちの横を通り過ぎてゆくのだが、その日はいつもと様子が違った。マザーはじっとわたしを見つめ、わたしの方に向かって歩いてきたのだ。わたしの前で立ち止まったマザーは、いきなり腕を掴み、揺さぶるようにしながら、「あなたは、いつまで迷っているんですか。いますぐ決心しなさい」と言った。わたしが当惑していると、マザーは続けて驚くべきことを言った。「あなたは神父になるのです」と言うのだ。そこまで言い終えると、マザーは「ついに言ってやった」というような顔をしてまたスタスタと立ち去ってしまった。まったく思いがけない形で、わたしの前に新しい道、司祭職へと続く道が開かれたのだ。

キリストとの出会い

マザーに言われたからといって、すぐに「では司祭になろう」と決意したわけではない。その時点でわたしは、「自分のような人間が神父になることはありえない」と思っていたし、司祭職が神のみ旨とはにわかに信じられなかった。困惑したわたしは、その後、何度かマザーに相談した。マザーの結論はいつも同じ、「祈りなさい」ということだった。だが、わたしはそもそも「祈る」ということがどういうことかわかっていなかった。聖堂に入って聖櫃の前に跪き、「ああでもない、こうでもない。困ったなぁ」と考えごとをして、最後に一言、「神さま、助けてください」と付け加える。それを祈りだと思っていた。当然、神のみ旨を確かめることも、決心することもできなかった。

困ったわたしは、ある日、後にマザーの後継者となったシスター・ニルマラに相談した。「マザーは祈れというけれど、そもそも祈るということがわかりません」とわたしが言うと、シスターはにっこりほほ笑んで「ちょっと待ってなさい」と事務室に入っていった。しばらくして出てきたとき、彼女は、細かい字がびっしり書かれた紙を手に持っていた。「マザーが好きな言葉です。これを読めば、祈りとは何かがわかるでしょう」と、シスター・ニルマラは、その紙を手渡しながらわたしに言った。わざわざ、手書きで紙に書き写してきてくれたのだ。そこに書かれていたのは、マザーが大切にしているというヨハネ・パウロ二世の言葉だった。特にわたしの心にとまったのは、次の箇所だ。

「イエスは、最初の弟子たちに語りかけたのと同じように、あなたたちの一人ひとりに『来なさい。そうすれば分かる』（ヨハ1・39）と語りかけています。祈りの親密さの中で、イエスはあなたたちの目を覗き込み、あなたたちの心に語りかけるのです。召し出しとは、自分の存在の深みであなたたちが受け入れ、生きる神秘です。」

つまり、イエスの言葉を、「自分の存在の深み」で受け入れるのが祈りだということだ。この言葉を読んだとき、わたしは、自分がこれまでしてきたことが祈りではなかったことにようやく気づいた。わたしがしていたのは、「ああでもない、こうでもない」と頭の中で考えること。心に浮かび上がって来る不安や恐れに惑わされ、頭でいろいろ考えて、心の一番表層の部分を行ったり来たりすることだけだった。それは、単に考え事をしているというだけであって、祈りではない。祈るためには、「自分の存在の深み」にまで降りる必要があるのだ。

水平方向の移動と、垂直方向の降下の違いと言ってもいいかもしれない。わたしは、「ああでもない、こうでもない」といろいろ考えて大騒ぎしていたが、それはあくまでも頭で考えただけのことだった。心の表面を、水平に移動していただけだったと言っていいだろう。それに対して、「存在の深み」に降りるとは、不安や恐れが渦巻く心の表面を離れて、心の奥深くにあるものを感じとるということだ。心の深みに、垂直に降下してゆくと考えてもいいだろう。心の一番奥深く、「存在の深み」と呼ばれるところまで降りるとき、わたしたちはそこでイエスと出会い、イエスの声を聞く。イエスは、わたしたちの存在の最も深い所にいて、わたしたちが降りて来るのを待っているのだ。

イエスは、心の最も奥深いところからわたしたちに呼びかけている。心を静かにして、その声に耳を傾けるのが祈りだと言ってもいいだろう。マザーは次のように書き残している。

「神は沈黙の友です。わたしたちは神を見つけなければなりませんが、騒音や興奮の中に神を見いだすことはできません。自然が、木が、花が、草が、深い沈黙の中でどうやって成長していくかを見なさい。」

木々や草花の沈黙とは、何も心配せず、すべてを神に委ねきった沈黙と言ってもいいだろう。木は、何事も心配せず、神の豊かな恵みの中で成長してゆく。花は、自分と他を比較して落胆したりせず、神から与えられた命を精いっぱいに生きている。神にすべてを委ね切ったときに生まれる、そのような心の静けさ、心の沈黙の中でこそわたしたちは神を見つけることができるというのだ。心の深みに降り、心の深みから響くイエスの声に耳を傾けるためには、まず心を沈黙させる必要がある。マザーは、次のようにも言っている。

「神はいっぱいのものを満たすことができません。神は空っぽのものだけを満たすことができるのです。本当の貧しさを、神は満たすことができるのです。」

富や名誉など地上のものに執着するとき、わたしたちの心は「ああなったらどうしよう。こうなったら困る」というような心配事でいっぱいになる。それでは、神がどんなに恵みを注ごうとしても、恵みは心に入ってこない。恵みを受け取るためには、執着を手放し、心を空にする必要があるのだ。しがみついているものを、神の手に委ねると言ってもいいだろう。すべてを委ね、心を空にするとき、神の恵みがわたしたちの心を満たす。すべてを手ばなし、委ねることによって、わたしたちは少しずつ神の恵みの世界に近づいてゆくのだ。「存在の深み」とは、すべてを委ね切った沈黙の世界、空っぽの世界のことではないかとわたしは思っている。わたしたちは、そこでイエスと出会うのだ。

マザーに学んだこれらの教えは、わたしが聖イグナチオの『霊操』の世界に入ってゆくためのよい準備になった。そもそもマザーは、イグナチオ霊性を徹底的に生きる「ロレットの聖母修道会」で修道者としての土台を築いた人だから、ある意味でそれは当然のことなのかもしれない。その後わたしは、日本に戻り、広島の長束にある黙想の家で何度か八日間の『霊操』に与った。その中で、ようやくある時、「来なさい。そうすればわかる」と招くイエスの声を聞いたような声がした。コルカタの聖テレサに誘《いざな》われ、聖イグナチオに導かれてイエス・キリストと出会った。おこがましいかもしれないが、わたしはそのように思っている。

二　マザーが歩んだキリストへの道

では、マザー・テレサ本人は、どのようにしてイエス・キリストと出会ったのだろうか。母に連れられて毎日、教会に通い、貧しい人々のもとにパンを届けたという幼年期、「コングレガシオ・マリアーナ」のメンバーとして活躍し、所属小教区を担当するイエズス会員、ブレンコビック神父のもとで信仰を養った少女期、「ロレットの聖母修道会」に入会し、修道誓願によってキリストと固く結ばれた青年期と、イエスとの出会いはマザーの中でより深く、強いものになっていったに違いない。ここでは、マザーのそのような歩みの中で一つの頂点とも言うべき、一九四六年九月一〇日にインド北部の町ダージリンに向かう列車の中で起こったと言われるイエスとの出会いの体験。そして、マザーが後年に体験した「霊的な闇」の体験について考えてみたい。

「わたしは渇く」の体験

「一九四六年、わたしは黙想をするためにダージリンに向かっていました。その列車の中で、すべてを捨てて、貧しい中でも最も貧しい人々のうちにおられるキリストに仕えるため、キリストのあとについてスラム街に出るようにという呼びかけを聞いたのです。わたしには、それが神の御旨であることがわかりました。ですから、キリストについてゆくほかなかったのです。」

一九六〇年代に行われたテレビ番組のインタビューの中で、マザーはこのように語っている。マザーが列車の中で神の呼びかけを聞き、スラム街に出る決意をしたということは、マザーについて書かれたほとんどの伝記の中に記されている通りであり、多くの人が知っているだろう。ところがマザーは、その体験についてこのインタビューの後、ほとんど誰にも語っていない。尋ねられても語り尽すことができない、神との真実の出会いの体験だったということだろう。ただ時折、「声を聞いたわけではない」とか、「イエスの渇きとの出会いが、すべての出発点だった」というようなことを言い、自らが創立した「神の愛の宣教者会」のすべての修道院のイエス像の脇に、「わたしは渇く」（ヨハ19・28）という言葉を掲げさせたりした。晩年、マザーの健康状態が不安定になり始めたとき、修道女たちはこの秘密、一九四六年九月一〇日に列車の中で何があったのかということをしきりにマザーに尋ねるようになった。修道会の出発点となる出来事なので、どうしても確かめておきたかったのだろう。その求めに答え、一九九三年にインドの聖地ベナレスで書かれたのが、「ベナレスからの手紙」として知られる「神の愛の宣教者会」のすべての会員宛の手紙である。

「ベナレスからの手紙」の中で、マザーは「『神の愛の宣教者会』のすべてが、イエスの渇きをいやすためだけに存在することは、わたしにとってとても明らかなことです」と述べ、「イエスの渇き」こそが一九四六年九月一〇日の体験の核心であることを認めたうえで、次のように語っている。

「なぜイエスは『わたしは渇く』と言うのでしょうか。この言葉はどういう意味でしょうか。それを言葉で説明するのはとても難しいことです。もしこの手紙の中で何かを覚えておくとすれば、このことを覚えておきなさい。『わたしは渇く』という言葉は、『わたしはあなたを愛している』という言葉よりも、何かもっと深いものだということです。」

　体験を言葉にしたくても、なかなか言葉が見つからないマザーのもどかしさが手紙から感じられるが、一つはっきりしているのは、マザーが「わたしは渇く」という言葉の中に、「愛している」という言葉以上の愛を感じとっていたということだ。

　なぜ「わたしは渇く」が愛につながるのか。それは、「放蕩息子のたとえ話」（ルカ15・11―31）を思い出せばよくわかるだろう。放蕩息子の父親は、息子が出て行ったあと、来る日も来る日も息子の帰りを待ちわびていた。息子が自分の間違いに気づいて戻って来ること。父の元こそが彼の本当の居場所であり、父と共に暮らすことこそが彼の本当の幸せであると気づいて戻って来ることを、心の底から待ち望んでいたのだ。この、息子の帰りを待ちわびる父の心こそが「渇き」だと考えられる。人間の救いが神の愛に立ち戻ることにあることを知っている神は、人間がそのことに気づいて神の元に戻って来ることを待ちわびている。人間が罪に引きずられ、なかなかそのことに気づかないのに、もどかしい思いをしている。その思いこそが「渇き」であり、その「渇き」は神の愛そのものなのだ。

愛の「渇き」は、愛が大きくなればなるほど強くなってゆく。イエスの場合で言えば、弟子たちへの愛、全人類への愛が極限に達したのは十字架につけられ、死んでゆく直前だったと考えられる。そのときイエスは、「友のために自分の命を捨てること、これ以上に大きな愛はない」（ヨハ15・13）と自ら語った愛を実践したのだ。愛が最大になったとき、イエスの「渇き」も最も強くなったと考えられる。最も大きな愛から発せられた、「わたしは渇く」というイエスの言葉は、聖書におけるイエスの最大の愛情表現だと言っていいだろう。マザーは、その言葉を聞き、そこにイエスの無限の愛を感じとったのだ。修道女たちに宛てた別の書簡の中で、マザーは次のように語っている。

「一九四六年九月一〇日にダージリンへ向かう旅の途上でわたしが受けた力強い神の光と愛こそ、『神の愛の宣教者会』の出発点でした。『神の愛の宣教者会』は、愛したいという、また愛されたいという神の無限の望みの深淵から出発したのです。」

「愛したいという、また愛されたいという神の無限の望みの深淵」という言葉の中に、先ほどの「渇き」のメカニズムがよく表現されている。愛したいという思いが強くなればなるほど、愛されたいという思いは強くなる。愛したいと望む神の愛が無限なら、愛されたいと願う神の「渇き」もまた無限なのだ。

この「渇き」と出会うことによって、マザーの人生はすっかり変えられた。だが、神との出会いそのものと言っていいこの「渇き」の体験を、言葉で説明し尽くすことはできない。そこでマザーは、この体験を少しでも修道女に伝えようと、「ベナレスからの手紙」の中でさまざまな表現を試みている。たとえば次の箇所だ。

「イエスはあなたたちを愛しているだけでなく、熱望しているのです。あなたたちが近くに来ないならば、イエスは悲しむのです。イエスはあなたたちに渇いているのです。自分は愛に値しないと思っているときですら、イエスはあなたたちを愛しているのです。もし他の人々から受け入れられないときも、自分で自分を受け入れられないときでも、イエスはいつでもあなたたちを受け入れるのです。」

神は、わたしたち一人ひとりを愛していると同時に、わたしたちから愛されたいと切に願っている。なぜなら、神と愛し合うこと、神の愛に包まれ、神と永遠に結ばれることこそが人間にとっての救いだからだ。神の「人間から愛されたい」という思いは、「人間を救いたい」という思いとまったく同じものだと言っていい。イエスは、人間を救いたくて仕方がない。わたしたちが、何か間違いを犯したり、失敗したりして「自分なんか、神から愛されるに値しない」と思い込んでいるときでさえ、神はわたしたちを愛することをやめない。神の愛、神の「渇き」はそれほどまでに強いものなのだ。マザーにとって、神の「渇き」は、神のゆるしと一つのものだと言っていいだろう。マザーが聞いた「わたしは渇く」という言葉には、「あなたのすべてをゆるし、受け入れる」というイエスの愛が込められているのだ。

マザーは、次のようにも言っている。

「イエスから愛されるために自分と違ったものになる必要はないのですよ。信じなさい、あなたたちはイエスにとってかけがえのないものなのです。あなたが苦しんでいることを、すべてイエスの足元に運びなさい。ありのままでイエスから愛されるためには、ただ心を開くだけでいいのです。残りのことはイエスがしてくれます。」

ここで強調されているのは、「イエスから愛されるために自分と違ったものになる必要はない」ということだ。競争社会の価値観の中で生きているわたしたちは、つい人と自分を比べ、誰かから愛されるためには人より優れていなければならないと考えてしまいがちだが、それは愛についての誤解だと言っていい。愛というのは本来、無条件のものであって、「あなたがこのように変われば愛する」「あなたが〜をできるようになったから愛する」というのは、本当の愛ではないからだ。イエスは、たとえわたしたちが今、何もできなかったとしても、あるがままのわたしたちを愛してくださる。何もできないわたしたちを、ただわたしたちがわたしたちであるという理由だけで愛してくださる。イエスの愛は、無条件の愛、完全な愛なのだ。もし愛されたいなら、わたしたちがすべきことはただ一つ、「心を開く」こと。心を開いて、イエスの愛を受け入れることだけだとマザーは言う。「こんなわたしが、愛されるはずがない」と思い込み、心を閉ざしていれば、どれほどの愛が注がれてもわたしたちの心に届かない。信じて心を開けば、その瞬間にわたしたちの心はイエスの愛で満たされる。「わたしは渇く」という言葉に込められたイエスの愛は、そのようなものなのだ。

「霊的な闇」の体験

「わたしは渇く」の体験以降、マザーはしばらくの間、イエスが自分に語りかけるような声を聞いたり、ビジョンを見たりしたとも語っている。マザーの生涯における恵みと慰めの頂点のような時期だったと言えるかもしれない。ところが、そのようなイエスとの親密な交わりに支えられながらスラム街での活動を始めた直後から、マザーの心に大きな変化が訪れる。いわゆる、「霊的な闇」の体験が始まるのである。マザーは、一九五三年、「神の愛の宣教者会」を管轄するコルカタの大司教、ペリエ師（ベルギー人イエズス会士）に宛てた手紙の中で次のように語っている。

「わたしの中に恐ろしい闇があります。まるですべてが死に絶えてしまったかのようです。『この仕事』を始めた頃から、ずっとこんな状態が続いています。」

「この仕事」とは、一九四六年九月一〇日の呼びかけを受けてマザーが始めた、スラム街での奉仕活動に他ならない。この手紙から、マザーは活動のごく初期、おそらく一九四九年か五〇年頃から、心に何の慰めも感じられない極度の荒みの状態、「霊的な闇」の状態に入っていたことがわかる。そして、その状態は、なんと彼女が帰天するまで断続的に続いたという。その闇とは、一体どのようなものだったのだろうか。マザーが残した手紙に基づいて考えてみたい。

「愛がこれほどまでに人を苦しめるとは知りませんでした。この苦しみは喪失ゆえの、憧れゆえの苦しみです。」

この箇所から、マザーの霊的な苦しみは、イエスに対する愛ゆえの苦しみであったことがわかる。あれほどまでに固い絆で結ばれていたはずのイエスが、どこを探しても見当たらない。どんなに愛を注いでも、どんなに祈っても、イエスからの応答がなくなってしまった。マザーの味わった闇は、そのような喪失感が生み出したものだったようだ。一九四六年九月一〇日、マザーは「イエスの渇き」の中にイエスの愛の深さを感じた。ところが今度は、マザー自身がイエスの愛に渇く側に回ってしまったのだ。

「魂の中で、わたしは恐ろしい痛みを感じているのです。それは喪失の、神がわたしを望んでいないということの、神が神ではないということの、神が実は存在しないのだということの痛みです。」

「霊的な闇」について記したマザーの手紙の中でも、特にこの箇所は衝撃的だ。あれほど固くイエスを信じ、神の愛と結ばれているように見えたマザーが、神の存在さえ疑わしいと思ってしまうほどの苦しみを感じていたというのだ。そのようなぎりぎりの状況の中で、マザーはそれでも信仰を守り続けた。

「思いを天に向けようとするとき、どうしようもない空虚さにぶつかります。天に向けようとした思いは、鋭いナイフのように戻ってきてわたしの魂を傷つけるのです。愛は何ももたらしてはくれません。それはただの言葉のように響きます。」

この言葉は、マザーの感じていた荒みの厳しさを端的に表している。どれほど祈っても、その祈りはイエスと自分を結び付けてくれない。マザーは、祈るたびごとにそのことを痛感し、心が引き裂かれるような苦しみを味わった。人々に愛の素晴らしさを語りながら、自分自身は、愛がもたらす温もりや安らぎ、喜びをまったく感じられない。マザーの心の痛みは、どれほどだっただろう。

「さびしさのもたらす痛みがあまりに大きく、同時に『いなくなってしまった方』への憧れがあまりに深いため、わたしはもう『イエスの聖心よ、あなたを信じます』としか祈ることができません。」

マザーは、子どもの頃から「イエスの聖心」の信心に熱心だった。わたしがインドにいた頃も、いつも「イエスの聖心」の御絵を持ち歩き、人々に配っていた。激しい心の痛みの中にあっても、マザーは、ひたすら「イエスの聖心」に向かって祈り続けたという。自分は感じ取れなくなってしまっているが、イエスの尊い聖心からは、いまも世界に向かって愛があふれ出している。その確信が、マザーを絶望の淵から救ったと言っていいだろう。

マザーの内面に大きな変化が生じたのは、闇が始まって一一年後、一九六一年のことだった。プーネの大学で働くオーストリア人のイエズス会宣教師、ヨゼフ・ノイナー神父の指導する黙想会に参加した後、マザーは次のように書いている。

「この一一年間で初めて、わたしは闇を愛することができるようになりました。なぜなら、今のわたしはこの闇が地上でイエスが味わった闇と痛みの小さな、ほんの小さな一部分でしかないと信じているからです。」

黙想会の詳細については伝えられていないが、どうやらノイナー神父は、マザーが味わっている闇の苦しみは、神がマザーに与えた使命の「霊的な側面」だと指摘したようだ。イエスの手となり足となって人々のもとに出かけてゆき、イエスの愛を届けるのが使命の「活動的な側面」だとすれば、人々の救いのために十字架上で苦しむイエスと共に苦しむこと、イエスと共に十字架の贖いの業に参加することは使命の「霊的な側面」だと考えられる。「わが神、わが神、なぜわたしをお見捨てになったのですか」と口に出さずにいられないほど苦しんだイエスの苦しみを、イエスと共に味わう。それが「霊的な闇」の意味だと気づいたとき、マザーにとって「霊的な闇」は、耐えるべき苦しみではなく、担うべき使命に変わった。そのときマザーは「闇を愛する」ことができるようになったのだ。「霊的な側面」において、イエスの渇きをわが身のこととして味わい、「活動的な側面」においてその渇きに込められた愛を人々に伝えると考えれば、この二つの側面はコインの裏表と言えるかもしれない。

　マザーは、後に修道女たちに対して次のように語っている。

「わたしたち自身の苦しみがなければ、わたしたちの仕事はただの社会事業になってしまいます。とてもよいもので、人々の助けになりますが、イエス・キリストのための仕事ではなく、主の贖いの御業の一部にもなりません。」

　マザーは、その活動において、貧しい人たちの苦しみを共に担うことを何よりも大切にした。扇風機や冷蔵庫などの電化製品を使わず、サリーを三枚しか持たない生活を選んだのはそのためだ。貧しい人たちが味わう暑さや不便さ、貧しさを共に担ってこそ、初めて貧しい人々の魂を救うことができるとマザーは確信していた。だが、人々が味わっている苦しみは、肉体的な苦しみだけではなかった。貧しい暮らしの中で、人々が味わう最もひどい苦しみは、神から見捨てられたように感じることなのだ。マザーは、これまでその苦しみを味わったことがなかった。そんなマザーの苦しみをより完全なものにするため、貧しい人々の中におられるイエスとの一致をより完全なものにするために、神はマザーに神から見捨てられたとさえ感じる苦しみ、すなわち「霊的な闇」を与えたとも考えられる。

「今、わたしは本当に深い喜びで満たされています。イエスはもはや苦しみを味わうことができませんが、わたしの中で人類を救う苦しみを味わいたいと望んでおられます。わたしは、今までになく自分のすべてをイエスに差し出しています。そう、今までにないくらいわたしはイエスのなすがままです。」

イエスの十字架上での肉体的、霊的な苦しみは、人類を贖うための苦しみだった。人々の苦しみを共に担うことによって、イエスは人類を救ったのだ。その「人類を救う苦しみ」をイエスがいま、自分の中で味わっているとマザーは信じていた。パウロはコロサイの信徒への手紙の中で、「今やわたしは、あなたがたのために苦しむことを喜びとし、キリストの体である教会のために、キリストの苦しみの欠けたところを身をもって満たしています」（1・24）と語ったが、マザーの思いもそれに近いだろう。イエスはいまや昇天し、この地上に肉体を持った姿では存在しない。自らがイエスの体となり、神の愛の目に見えるしるしとなること、苦しんでいる人々の傍らに寄り添い、その人たちと共に苦しむこと、それが自分の使命だとマザーは考えたのだろう。イエスと共に苦しむ自分は、「今までにないくらいイエスのなすがまま」だとマザーは言う。かつては、マザーにも自分のためにとっておく恵みが存在したのだろう。だが、そのような恵みが消えてしまった今、マザーは自分のすべてを余すところなくイエスに差し出すことができた。「今までにないくらいイエスのなすがまま」とは、きっとそういうことだろう。

「いえ、神父様、わたしは一人ではありません。なぜなら、わたしはイエスの闇と共にいるからです。イエスの苦しみと共にいるからです。わたしはイエスと同じ神への激しい憧れを抱いています。それは、愛されるためではなく、愛するための憧れです。わたしは、自分がイエスと共にいることを知っています。その一致は、決して壊れないほど確かなものです。」

自分の感じている闇が、イエスの感じている闇と同じものであると気づいたとき、マザーにとって闇はイエスと自分を結びつける絆となった。詩編一三九に「闇もあなたに比べれば闇とは言えない。夜も昼も共に光を放ち／闇も、光も、変わるところがない」とあるが、闇においてて自分がイエスと結びついていることに気づいたとき、闇それ自体が光を放ち始めたと言ってもいいかもしれない。

　このようにして結ばれた一致の絆は、「決して壊れないほど確かなもの」だとマザーは言う。もし何か恵みを与えられたことによって神との間に絆が結ばれたのなら、その恵みを取り去ることによって、悪魔は絆を簡単に断ち切ることができるだろう。だが、すべてを奪い取られた苦しみの中で神と結ばれたのなら、もはやその絆を断ち切ることは誰にもできない。すべてを奪い取られた苦しみの中で、マザーはついに、決して壊れないイエスとの一致に到達したのだ。

「誰からも求められず、愛されず、気にかけられないまま路上に放置されているわたしの貧しい人たちの肉体的な状況は、わたしの霊的生活の、イエスへの愛の完全な写しです。」

「霊的な闇」の苦しみは、神との間に結ばれた絆だけでなく、貧しい人々との間に結ばれた絆もより一層強固なものにしたと考えられる。マザーはよく「人間にとってもっともひどい貧しさ、それは自分が誰からも必要とされていないと感じることです」と言っていた。貧しい人々にとって一番ひどい苦しみは、家族や友人からさえ見捨てられること、そしてそのような状況の中で神からさえ見捨てられたと感じることだと言っていいだろう。「霊的な闇」の体験を通して、マザーは貧しい人々が味わっているこの最もひどい苦しみ、神から見捨てられたと感じる苦しみを味わった。そのとき、マザーと貧しい人々の絆は、これまでにないほど強固なものに強められた。マザーは、貧しい人々の苦しみをこれまで以上に自分自身のこととして感じ、貧しい人々のために自分を差し出さずにいられなくなったのだ。深い苦しみの中で、「もう生きていても仕方がない」とまで言う人々の訴えに耳を傾けるとき、マザーの目は限りない慈しみを湛えていた。その慈しみは、マザー自身の苦しみの中から生まれてきたものであったに違いない。マザーは、そのような人々を、心の底からの共感をもって愛さずにいられなかったのだ。

「わたしが聖人になるなら、『暗闇の聖人』になるでしょう。いつも天国を留守にして、地上で闇の中にいる人々のために灯りをつけて回るでしょう。」

マザーは、このようにも書き残している。何十年ものあいだ「霊的な闇」に苦しみ、「霊的な闇」を味わいつくした自分がもし聖人になるなら、それは「暗闇の聖人」に違いないというのだ。これは、わたしたちに大きな希望を与えてくれる言葉だと思う。マザーは、どんなに神を信じたくても、信じきれない人間の弱さを決して否定しない。そのような弱さも含めて、あるがままのわたしたちを受け入れ、闇の中をさまようわたしたちを愛してくれる聖人なのだ。それは、イエスの愛がそのようなものであるからに他ならない。十字架の上で「わが神、わが神、なぜわたしをお見捨てになったのですか」と祈ったイエスは、信じたくても信じきれない人間の弱さを知り、その弱さに寄り添ってくださる神なのだ。大きな試練の中でわたしたちが神を信じきれず、「神さま、なぜわたしがこんな目にあわなければならないのですか」と弱音を吐くとき、マザーは、そしてイエスはいつもわたしたちの隣にいてくれる。わたしたちの隣にいてわたしたちの弱さを受け入れ、「その気持ちはわかる。だが、もう少し頑張ってみなさい。わたしがついているから」と声をかけてくれるのだ。「そんな弱気でどうする」などと言って、わたしたちの弱さを切り捨てることは決してない。そこに人間の救いがあると、わたしは信じている。

三　マザーが示すキリストへの道

わたしたちの想像をはるかに越えるほど深くイエスと結ばれて生きたマザーは、日常生活の中で折にふれてイエスの名を口にし、イエスについて語っていた。その中のいくつかをご紹介したい。

「イエスを愛する喜びを、いつも心に持っていなさい。そして、その喜びをあなたが出会う人と分かち合いなさい。」

「何か好きな言葉を書いてください」と人から頼まれたとき、マザーは必ずこの言葉を書いていた。この言葉の中に、自分の活動のすべてが語り尽されているということなのだろう。先述した通り、マザーが創立した「神の愛の宣教者会」のすべての修道院の十字架の脇には、それぞれの国の言葉で「わたしは渇く」という文字が書かれている。マザーにとって、「神の愛の宣教者会」のすべての修道女たちにとって、「わたしはあなたを愛する」という言葉よりも、「何かもっと深い」意味を持った愛の言葉だ。この言葉を通してイエスの無限の愛を感じ、その愛にこたえて自分のすべてをイエスに差し出すとき、彼女たちの心は「イエスを愛する喜び」で満たされる。その喜びは、彼女たちの表情や仕草、言葉の端々からあふれ出し、周りいる人たちの心に流れ込んで、その人たちの心を喜びで満たしてゆく。マザーや修道女たちが出かけると、行く先々で大きな笑顔の輪が広がるのはそのためだ。イエスから頂いた喜びを、イエスをまだ知らない人たちのもとに届ける。それが、マザーにとっての福音宣教の基本だったと言っていいだろう。

「貧しい人たちの中に、イエスを見なさい。」

マザーは、わたしたちボランティアに、いつも口癖のようにこう言っていた。実際、貧しい人たちや、大きな苦しみを抱えて相談に来る人たちを見つめるとき、マザーの目はいつもきらきらと輝いていた。目の前にいる人が王子さまやお金持ちなら、目を輝かせても不思議はない。だが、マザーはぼろぼろの服を着て、汚れにまみれた貧しい人を見つめるときも、きらきらと目を輝かせていた。マザーはいつも、相手の中にイエスを見ていたに違いない。どんなに傷つき、ぼろぼろになった体、さまざまな傷を受けて頑なになり、攻撃的になった心でも、よく見ればその中に必ずイエスが宿っている。マザーはそう確信していた。

「心の清い人々は、幸いである。その人たちは神を見る」（マタ5・8）と福音書にある通り、澄んだ目でよく見れば、すべての人が神々しいまでに輝く尊い命、「神の子」の命を宿したかけがえのない存在なのだ。マザーは、「貧しい人たちの中にあなたがイエスを見ないなら、貧しい人たちがあなたの中にイエスを見ることもないでしょう」とも語っている。相手にどれほど食料や衣類を与えても、わたしたちが相手を見下しているなら、相手がわたしたちを通してイエスと出会うことはない。イエスの愛を伝えたいなら、まずわたしたちが相手の中にイエスを見、きらきらと喜びに輝く目で相手を見つめる必要があるのだ。

「イエスが見るために、あなたの目を与えなさい。イエスが話せるように、あなたの舌を与えなさい。イエスが愛せるように、あなたの心を与えなさい。」

「イエスの愛の目に見えるしるしになりたい」、マザーはいつもそう願っていた。イエスの愛を宿した目で相手を見ることによってイエスの目となり、イエスの愛を宿した心で語ることによってイエスの舌となりたいと願っていたのだ。マザーは、「『イエスが今ここにいたら、一体どうするだろうか』、いつもそう考えて行動しなさい」という言い方をすることもあった。イエスの目、イエスの舌となるために、もしイエスがいまここでこの貧しい人の前に立ったら、一体どんな目で相手を見つめ、どんな言葉をかけだだろうか。それを想像してから行動しなさいというのだ。大切なのは、自分がどうしたいかではなく、イエスがいま自分を使って何をしたいかを考えることだ。「イエスがいま、わたしとこの相手を会わせたのは、わたしを通してこの相手に何かを語りかけたいからに違いない。イエスはわたしを通して、一体何を語りかけたいのだろうか」、そう考え、祈りの中でイエスにまず問いかける。そうしてから口を開くとき、わたしたちの舌は、イエスの舌としての役割を果たすことができるのだ。

「イエスはわたしたちの心の中におられます。心の中で『ああでもない、こうでもない』と独り言をつぶやくのをやめ、イエスに語りかけましょう。」

イエスは、いつもわたしたちの心の奥深くにいて、わたしたちに語りかけている。ところが、わたしたちはイエスの声に耳を傾けようとせず、「ああでもない、こうでもない」と自分一人で考え事を続けている。そんなことが、実際、多いように思う。イエスを無視して「独り言」をつぶやくのをやめ、イエスの言葉に耳を傾けるとき、わたしたちの心の中でイエスとの対話が始まる。「独り言」をやめるとき、わたしたちの心の中で祈りが始まるのだ。

マザーは、「すべてのことは、祈りから始まります」とも言っている。自分の考えだけで始めたのでは、この地上に神のみ旨を実現することも、福音を宣教することもできない。祈りの中でイエスと対話し、イエスの愛に満たされて何かを始めてこそ、わたしたちは神の子としての使命を果たすことができるのだ。「独り言をつぶやくのをやめ、イエスに語りかけましょう」という言葉は、祈りへの招きと言っていい。マザーにならって、イエスと対話することからすべてを始めたい。

終わりに

すべての聖人の生涯は、キリストという一筋の道を指し示す道しるべだと冒頭で述べた。マザーの生涯を改めて振り返るとき、その感はさらに強まる。わたしが特に感謝しているのは、マザーが「霊的な闇」の体験の中で、弱さを通してイエスとつながる道を示してくれたことだ。マザーの側でボランティアとして働いていたとき、「マザーは、何と強い人なのだろう」とわたしはいつも思っていた。どんなときにも毅然とした態度で修道女たちを指導し、ブレることがまったくなかったからだ。だが、そんな強さを支えていたのは、実は彼女の心の中にあった苦しみだった。深い苦しみの中で自分の弱さを知っていたからこそ、マザーは、イエスを、そして貧しい人々をあれほどまでに深く愛することができたのだ。深い苦しみは深い共感を生み、深い共感は深い愛となってわたしたちとイエスを結びつける。その愛は、わたしたちと貧しい人々、社会の片隅に追いやられて苦しむ人々を結ぶ絆でもある。苦しみの中でイエスと深く結びつき、イエスについてゆく道を、マザーの生涯から学びたい。

神における「道」

角田　佑一

はじめに

「道」ということを、自分の人生のなかで考えるようになったのは、いつの頃からだったでしょうか。私自身、「道」に思いを致すようになったのは、学生時代に修道生活への召し出しを考えるようになってからであると思います。私がお世話になっていた神父様から、召し出しについて考えるとき、たんに自分の思いではなく、神が自分にどのような道を望んでいるのかを深く考えるようにしなさいと言われました。そのときから、自分の人生を、自分中心ではなく、神中心の視点から見るように、心がけるようになりました。その後、私は二十代半ばでイエズス会に入会し、修道生活に入りました。修道生活は神の呼びかけや招きによって支えられて、ほんとうに歩んでいける道だと思います。そのなかで、私も神の語りかけに耳を澄ませて、神のことばに聴き従う道とは一体何なのかを学んできました。この文章では「道」に深く思いを致した聖書の人物に触れながら、私たちが神のことばに聴き従う道をどのように歩んでいけばよいのかを考えていきたいと思います。

　基本的な構成としては、「一　モーセの歩んだ道」のなかで、モーセがイスラエルの民を連れて、どのようにエジプトを脱出し、荒野を歩み、モアブの野に至る道を歩んでいったのか、そのなかで何が重要な点であったのかを考察しています。「二　洗礼者ヨハネの歩んだ道」のなかでは、洗礼者ヨハネが救い主の到来する道を準備するという特別な使命をどのように受け容れ、それを実践していったのかを考えています。「三　神の御心に生きる」のなかでは、イエスがどのように御父の御心に従って生きていたのか、そして、私たちがどのように神の御旨を見出して、生きることができるのかを考察しています。「四　道であるキリスト」においては、キリストが道であるとは、一体何を意味しているのか、筆者の理解について述べています。最後に「まとめ」のなかで、私たちが神のことばに聴き従う道をどのように歩んでいけばよいのか、という問いに対して結論を述べています。

一　モーセの歩んだ道

まず、旧約聖書において、モーセの歩んだ道について見ていきましょう。主なる神はモーセに「わたしは、エジプトにいるわたしの民の苦しみをつぶさに見、追い使う者のゆえに叫ぶ彼らの叫び声を聞き、その痛みを知った」（出3・7）と言って、エジプトで苦しんでいるイスラエルの民を深くあわれみ、手を差し伸べようとします。そして、神は「それゆえ、わたしは降って行き、エジプト人の手から彼らを救い出し、この国から、広々としたすばらしい土地、乳と蜜の流れる土地、カナン人、ヘト人、アモリ人、ペリジ人、ヒビ人、エブス人の住む所へ彼らを導き上る」（出3・8）と言って、イスラエルの民をエジプトから救い出したいという意向を示します。

そのうえで、神はモーセに「今、行きなさい。わたしはあなたをファラオのもとに遣わす。わが民イスラエルの人々をエジプトから連れ出すのだ」（出3・10）と呼びかけて、彼にイスラエルの民をエジプトからカナンの地へ連れ出す使命を与えます。この呼びかけを聞いて、モーセは戸惑いますが、神は「わたしは必ずあなたと共にいる。このことこそ、わたしがあなたを遣わすしるしである。あなたが民をエジプトから導き出したとき、あなたたちはこの山で神に仕える」（出3・12）とモーセに言います。さらにモーセが神の名を問うと、主なる神は「わたしはある。わたしはあるという者だ」と名乗り、また、「イスラエルの人々にこう言うがよい。『わたしはある』という方がわたしをあなたたちに遣わされたのだと」彼に告げます（出3・14）。

その後、主なる神はつねにイスラエルの民とともにあり、「わたしはある」と自らの存在を示します。例えば、モーセがエジプトからイスラエルの人々を連れ出して、荒れ野の道を歩んでいたとき、「主は彼らに先立って進み、昼は雲の柱をもって導き、夜は火の柱をもって彼らを照らされたので」（出13・21）、イスラエルの民はずっと荒れ野の道を歩んでいくことができました。しかし、彼らが進んでいくと、葦の海が目の前に立ちはだかり、前に進むことができなくなります。さらに背後からエジプト軍に追いかけられて、イスラエルの民は進むことも退くこともできない状況に陥ってしまいました。

そのようなとき、神が「なぜ、わたしに向かって叫ぶのか。イスラエルの人々に命じて出発させなさい。杖を高く上げ、手を海に向かって差し伸べて、海を二つに分けなさい。そうすれば、イスラエルの民は海の中の乾いた所を通ることができる」（出14・15―16）と告げて、苦しむ民の進む道を必ず開くとモーセに告げます。そして、「わたしはエジプト人の心をかたくなにするから、彼らはお前たちの後を追って来る。そのとき、わたしはファラオとその全軍、戦車と騎兵を破って栄光を現す」（出14・17）と言います。

そのことばを受けて、モーセが海に向かって手を差し伸べると、神が激しい東風をもって海を押し返されたので、海は乾いた地に変わり、水が分かれます。そして、イスラエルの民は海のなかの乾いた地を進んでいくことができました（出14・21―22参照）。しかし、彼らの後をエジプト軍が追いかけてきました。すると、主なる神が「海に向かって手を差し伸べなさい。水がエジプト軍の上に、戦車、騎兵の上に流れ返るであろう」（出14・26）とモーセに告げます。モーセが手を海に向かって差し伸べると、海の水がもとに戻り、エジプト軍は水のなかに投げ込まれてしまいました（出14・27―28）。

　イスラエルの民が進退共に窮したとき、モーセはいつも主なる神に祈り、神の語りかけに耳を澄まします。すると、神はモーセに「こうするように」と語りかけ、モーセがそれに聴き従うと、彼らの歩む道が思ってもみない仕方で開かれていきます。これはモーセの功績によるのではなく、神がモーセをとおして働きかけたことによって起きた出来事であり、この出来事をとおして、主なる神はご自身の栄光をあらわされたのです。

　ところが、その後もイスラエルの民は厳しい旅の生活を続けることになります。民は荒れ野の旅のなかで、食べるものも飲むものもなく、いつも困窮していました。そのことについて、彼らはモーセと彼の兄弟アロンに不平を言います。民が不平不満を言い始めると、モーセは「臨在の幕屋」に入り、神に祈りながら、どのようにすればよいのか指示を仰ぎます。

そして、神はモーセの祈りを聴き入れて、民を助けるためにさまざまな恵みを与えます。

　イスラエルの民がカデシュに滞在していたとき、水がなかったので、民が徒党を組んで、モーセとアロンに逆らいました（民20・2参照）。このとき、モーセとアロンが臨在の幕屋に行って神に祈ると、神はモーセに「あなたは杖を取り、兄弟アロンと共に共同体を集め、彼らの目の前で岩に向かって、水を出せと命じなさい。あなたはその岩から彼らのために水を出し、共同体と家畜に水を飲ませるがよい」（民20・8）と告げます。ところが、モーセとアロンはいつも不平不満を言う民に対して感情的になり、強い調子で「反逆する者らよ、聞け。この岩からあなたたちのために水を出さねばならないのか」（民20・10）と言います。そして、モーセが手を上げて、杖で二度岩をたたくと、岩から水がほとばしり出て、皆それを飲んで満たされました。

　ここでモーセは民を「反逆する者よ」と呼んで、自分に不平を言う者に怒りをぶつけています。さらに神はたんに「彼らの目の前で岩に向かって、水を出せと命じなさい」とモーセに命じただけなのに、彼は杖で岩を二度たたくというパフォーマンスをして、神の力ではなく、あたかも自分の力で水を出してやる、というような尊大な態度を示したのでした。このとき、モーセとアロンは民への怒りから感情的になり、神への信頼や謙遜な態度を忘れてしまったのです。

このようなモーセとアロンの態度を見て、神は二人に「あなたたちはわたしを信じることをせず、イスラエルの人々の前に、わたしの聖なることを示さなかった。それゆえ、あなたたちはこの会衆を、わたしが彼らに与える土地に導き入れることはできない」（民20・12）と告げます。モーセとアロンが神を信頼せず、「わたしの聖なることを示さなかった」、すなわちモーセが岩を杖でたたいて水を出したとき、自分の力を誇示し、その出来事が神の働きかけによるものであること、神の栄光をあらわすものであることを示さなかったと、神は厳しく指摘したのです。このゆえに、神はモーセとアロンがカナンの地に入ることをおゆるしになりませんでした。これがいわゆるメリバ（争い）の水の出来事です。

モーセとアロンが一瞬傲慢な心を起こしたとき、神はそれを見て、彼らがカナンの地に入る道を閉ざしたのです。この出来事は神からの厳しい仕打ちのように感じますが、私たちの歩む道がどのように開かれ、閉ざされてしまうのかをよくあらわしていると思います。神の語りかけに耳を澄まし、その促しに聴き従って歩むとき、その行いは神自身の導きによるものであり、自分の功績となりうるものではありません。モーセとアロンがそのような謙遜な態度を持っていたとき、神は惜しみなく彼らに恵みを与え、どんなに困っていたときでも、彼らの歩む道を開いたのです。しかし、モーセとアロンが神のことばに聴き従いつつも、自分の力を誇示するために何かを行うならば、それは神に対して傲慢な態度を取ったことになります。そのとき、彼らの歩む道は閉ざされてしまったのです。

この出来事の後、アロンはホル山で息を引き取ります（民20・28参照）。イスラエルの民は旅を続け、ヨルダン川の対岸にあるモアブの平野に到達したとき、エジプトを出てからすでに四十年以上の時が経過していました。ヨルダン川を渡れば、カナンの地に入ることができるわけですが、主なる神は、メリバの水の出来事のゆえに、カナンの地にモーセが入るのをおゆるしになりませんでした（申32・51―52参照）。これに対して、モーセは静かに神の意志を受け容れて、イスラエルの人々に祝福の言葉を与えます。「イスラエルは安らかに住み、ヤコブの泉のみが絶えない。穀物と新しい酒に富み、天が露を滴らす土地に。イスラエルよ、あなたはいかに幸いなことか。あなたのように主に救われた民があろうか。主はあなたを助ける盾、剣が襲うときのあなたの力……」（申33・28―29）と神を賛美します（引用文中の句読点は筆者が付加した）。

最後、神はモーセにネボ山の山頂で、カナンの地を見渡せるようにされました。「これがあなたの子孫に与えるとわたしがアブラハム、イサク、ヤコブに誓った土地である。わたしはあなたがそれを自分の目で見るようにした。あなたはしかし、そこに渡って行くことはできない」（申34・4）とモーセに告げます。そして、主の命令によって、モーセはモアブの地で息を引き取りました（申34・5参照）。

モーセは一瞬傲慢な心を起こしたことから、カナンの地に入ることをゆるされなかったのですが、彼の人生が挫折で終わることはありませんでした。彼は臨終の間際にネボ山の山頂で、長年目指したカナンの地を、ついに自分の目で見ることをゆるされたのです。これは神のあわれみによるものであり、感動的な場面でもあります。彼はカナンの地を見たとき、心満たされ、神に深く感謝したことでしょう。そして、彼は神に自分自身をゆだねて安らかな心で逝ったのだと思います。

　このようなモーセの生涯は、私たちの信仰生活に深い示唆を与えてくれると思います。第一にモーセの生涯は、私たちが神の御旨に従う道を歩むとき、神のことばを「聴く」という態度がとても大切であるいうことを示しています。すなわち、神の語りかけに耳を傾けて、神からの何らかの促しがあったら、それに聴き従って生きるということです。私自身も何か大きな決断をするとき、神に祈りながら、「このようにすべきでしょうか、あのようにすべきでしょうか」、あるいは「これをすべきでしょうか、すべきではないでしょうか」と神に問いかけます。そして、もしも、神から「これをするように」、もしくは「それはしないように」という深い促しがあったら、その語りかけに聴き従って歩んでいきます。もしも、私たちが純粋に神からの促しに従って何かを行うのであれば、「自分はこんなによいことをしました」とか、「自分はこんなにすばらしいことをしました」というように、自分を誇ったりする言葉は出てこないでしょう。もしも、「自分はこんなにすごいことをしました」という言葉が出てくるのであれば、それは神の語りかけにどこかで心を閉ざし、自分本位になっていることのしるしではないかと思います。私たちがそのような心を持つとき、神は私たちの自己中心的な態度をさまざまな仕方で戒めようとされます。

第二にモーセの生涯は次のことを示してくれています。すなわち、私たちが神の御旨に従って、ある特定のゴールを目指して道を歩んでいたとき、何らかの人間的限界（寿命、失敗、過ちなど）によって到達点にたどりつくことができなくても、神が何らかのかたちで（限定的なかたちではあっても）最終的な到達点を見させてくださるということです。そして、私たちはそれを見たとき、安らかな心をいただくことができるのだと思います。そのような意味で、私たちが神のことばに聴き従う道を歩むときに、モーセの生涯は多くの大切なメッセージを与えてくれます。

二　洗礼者ヨハネの歩んだ道

洗礼者ヨハネは、イエスに先立ってこの世界で活動し、救い主の来る道を整えた人であると言われています。マタイ福音書は洗礼者ヨハネについて「これは預言者イザヤによってこう言われている人である。「荒れ野で叫ぶ者の声がする。『主の道を整え、その道筋をまっすぐにせよ』」（マタ3・3）と証言しています。

洗礼者ヨハネの人生は苦しみに満ちていました。彼は若い頃から砂漠で厳しい禁欲生活を送り、「らくだの毛衣を着、腰に革の帯を締め、いなごと野蜜を食べていた」（マコ1・6）と言われています。彼はイスラエルの民に神の裁きが近づきつつあると語り（マタ3・7参照）、イスラエルの民に悔い改めを呼びかけ、ヨルダン川で罪のゆるしを得させるための洗礼を授けていました（マタ3・6参照）。

のちにイエスが「時は満ち、神の国は近づいた。悔い改めて福音を信じなさい」（マコ1・15）と言って福音宣教を始めるのですが、ヨハネの悔い改めの洗礼は、人々がイエスの福音を受け容れるためのよい準備となるものでした。

ヨハネは自分の後から来る救い主（イエス）について、「わたしは、悔い改めに導くために、あなたたちに水で洗礼を授けているが、わたしの後から来る方は、わたしよりも優れておられる。わたしは、その履物をお脱がせする値打ちもない。その方は、聖霊と火であなたたちに洗礼をお授けになる」（マタ3・11）と述べています。彼は自分の後に来られる救い主が自分よりもはるかに尊い方であると説いています。しかし、イエスはヨハネのもとにやって来て洗礼を自分に授けるよう願います。それに対して、ヨハネはイエスを思いとどまらせようとして、「わたしこそ、あなたから洗礼を受けるべきなのに、あなたが、わたしのところへ来られたのですか」（マタ3・14）と言います。ところが、イエスは「今は、止めないでほしい。正しいことをすべて行うのは、我々にふさわしいことです」（マタ3・15）とヨハネに告げます。そのことばを受けて、ヨハネはイエスに洗礼を授けます。彼がイエスに洗礼を授けたとき、イエスは神の霊が鳩のように御自分の上に降って来るのを見て、「これはわたしの愛する子、わたしの心に適う者」という御父の声が天から聞こえました（マタ3・16―17）。そして、このときのイエスの体験は、彼の福音宣教の生活の出発点になりました。

さらに、洗礼者ヨハネはイエスについて「あの方は栄え、わたしは衰えねばならない」（ヨハ3・30）と言います。これは彼の人生観を端的に言いあらわした言葉だと思います。ヨハネはイエスが救い主であると深く理解していて、自分の後に、救い主が福音を告げ知らせるためにやって来るとき、人々が福音を素直に受け容れることができるように準備をしたいと考えていました。それが自らの重大な使命であると思っていたのです。最終的に彼はヘロデ・アンティパス王の結婚を咎めたために捕らえられ、残酷な仕方で命を奪われてしまいました（マコ6・14―29参照）。しかし、このような苦難の人生を歩んだにもかかわらず、ヨハネは自分の人生にとても満足していたと思います。なぜなら、イエスの到来を準備するという使命をきちんと果たすことができたからです。では、どうして彼は救い主の到来を準備するという生き方に満足することができたのでしょうか。

洗礼者ヨハネはイエスとのつながりについて、結婚式の譬えを用いながら自分と救い主との関係を分かりやすく説明しています。彼は「花嫁を迎えるのは花婿だ。花婿の介添え人はそばに立って耳を傾け、花婿の声が聞こえると大いに喜ぶ。だから、わたしは喜びで満たされている」（ヨハ３・29）と言います。ここで花婿はイエス、花婿の介添え人は洗礼者ヨハネ自身のことを指しています。そして、花嫁とは救い主を待ち望み、花婿イエスと深い交わりのうちに入るように召されている私たち信仰者のことを指しています。

ここで、花婿の介添え人の役割とは何なのでしょうか。それは、結婚式のなかで花婿を花嫁のもとへと導く人です。その後、介添え人は自らの使命を終えると、結婚式の場から立ち去ります。同じように洗礼者ヨハネはイエスのことをずっと待っていて、人々がイエスの福音をふさわしい心で受け容れることができるよう、悔い改めを呼びかけていました。そして、イエスが現れ、神の国の福音を告げ知らせたとき、ヨハネはイエスの声を聞き、喜びに満たされました。なぜなら、花婿イエスが私たちのもとにやって来たからです。ヨハネは自分に与えられた使命を果たしたと悟り、イエスに人々のことを託して去っていきました。ヨハネが「あの方は栄え、わたしは衰えねばならない」と言ったとき、彼は自分がイエスの前では取るに足りない者であるということをよく知っていました。それほど、彼は謙遜な人であったのです。ずっと待ち望んでいた救い主に出会ったとき、彼は自分の人生に満足することができました。

私たちは洗礼者ヨハネの謙遜な態度から多くのことを学ぶことができます。私たちはどうすれば自分の人生に満足することができるのでしょうか。私たちは苦しみ、悩むとき、イエスを心から待ち望み、慈しみとあわれみを祈り求めるとき、私たちはイエスの声を聞いて人生の意味を見出し、このいのちを与えてくださった神にほんとうに感謝することができます。それゆえに、洗礼者ヨハネの生涯は救い主の到来を待ち望むことの大切さを教えてくれるのです。

三　神の御心に生きる

この項では、イエス自身がどのように御父の呼びかけに聴き従って道を歩んでいったのかを見ていきたいと思います。まず、イエスは福音宣教を始めたとき、人々に「主の祈り」を授けます。主の祈りは、私たちが神のことばに聴き従って歩む道をはっきりと示してくれています。主の祈りの内容は新約聖書のなかでマタイ福音書とルカ福音書に書かれています（マタ6・9―13、ルカ11・2―4参照）。ルカにある主の祈りの方がよりシンプルで、こちらの方がもとのかたちに近かったと考えられています。これに対して、マタイは主の祈りの原型に二つの祈りを加えて、主の祈りの内容を豊かにしています。それは「御心が行われますように、天におけるように地の上にも」（マタ6・10）と、最後の私たちを「悪い者から救ってください」（マタ6・13）という二つの祈りです。ここではまず「御心が行われますように」という祈りについて考えていきたいと思います。

イエスがこの世界に御父から遣わされて福音宣教を行った目的とは何だったのでしょうか。それはひとえに御父の御心を行うためであったと思います。御父の御旨を果たすことが、イエスの第一の関心事であったのです。そのため、イエスと同じように、私たちも御父の御旨を探し求めて、その意志を実現していくことが求められています。私たちは神が何を望んでおられるのかを探し求めることによって、神とより深く一致する道を見出すことができます。私たちは神が望んでおられることを受け容れるか、受け容れないか、自らの自由意志で選び取ることができます。私たちは罪を持っているがゆえに神の意志に背く可能性を持っています。そのため、神の望みを受け容れるためには、神自身の助けが必要です。そのために、「御心が行われますように」と祈って、御父の意志が自分の内に貫かれるように願うことが大切になってきます。

マタイ福音書のなかで「御心が行われますように」ということばは、主の祈りとゲツセマネの祈りに出てきます。ゲツセマネの祈りのなかで、イエスは自らに与えられる厳しい試練、すなわち受難と死を前にして、「父よ、できることなら、この杯をわたしから過ぎ去らせてください。しかし、わたしの願いどおりではなく、御心のままに」（マタ26・39）と祈ります。しかし、御父への祈りのなかで、何らかの深い促しがあったのでしょう。最終的にイエスは「父よ、わたしが飲まないかぎりこの杯が過ぎ去らないのでしたら、あなたの御心が行われますように」（マタ26・42）と言って、御父の意志を受け容れます。このゲツセマネの祈りには、「御心が行われますように。天におけるように、地の上にも」という主の祈りの根本的な意向が貫かれています。

それでは、「天におけるように、地の上にも」とは何を意味しているのでしょうか。「天」においては、神の支配が行き届き、神の御旨が完全なかたちで実現しています。しかし、神は人間を罪から救うために、そして、世界を完成に導くために、この歴史的な世界に介入して、この地上に自らの意志を実現しようとされます。それは、神の国の到来を告げるイエスの福音宣教において示されました。御父はたんに自分ひとりで働くのではなく、御子をこの世界に派遣して、イエス・キリストという存在をとおして、この地上に自らの意志を実現させるという道を選ばれました。すなわち、神は人間の自由な応答をとおして自らの意志をこの世界に実現させ、人間を最終的な救済に至らせる道を開こうとしたのです。とりわけ、それはイエスのゲツセマネにおける自由な応答において明らかにされました。イエスは人間的な弱さを持っていながらも、最終的には御父の御旨に従う道を選び、それによって人類が救われる道が開かれたのです。

御父はイエスに御旨の実現をゆだねたように、イエスに従う者である私たちにも、イエスと同じように御父の御旨をこの世界で実践して生きるという大きな使命をゆだねています。私たちは御父の御心とは何なのかを真に理解して、それを実践する者となるために、絶えず「御心が行われますように」と願っていくことが求められていると思います。すなわち、神が私たちをどこへ導こうとされるのか、それを絶えず識別して、御父の御心を行う者として生きていくことができるように求められているのです。

ヨハネ福音書のなかで、イエスは「わたしの羊はわたしの声を聞き分ける。わたしは彼らを知っており、彼らはわたしに従う」（ヨハ10・27）と言っています。イエスを信じる人々は、彼の言葉を聞き分けることができるということです。それでは、イエスの声を「聞き分ける」とはどういうことなのでしょうか。

私たちは人生の岐路に立ったとき、どちらの道に行けばよいのか分からなくなってしまうことがあります。その場合、神が自分をどちらの道に招いておられるのかを、祈りのなかで見極めていく必要があります。私たちが祈りのなかで、「これをしてみたい」という望みが湧き上がってきたとき、それが神からの呼びかけなのか、それとも、自分のエゴを満たすための自己中心的な欲求から来る声なのかを聞き分ける必要があります。つまり、「こちらの道を歩んでみたい」と思うとき、それがほんとうに神の望んでいる道なのかをはっきり見極める必要があるということです。

自分の歩むべき道を選ぶにあたって大切なことは、私はたんに自分の欲望を果たすためではなく、神の御心を行うために創造されたのだということを確認することです。イエズス会の創立者であるイグナチオ・デ・ロヨラは『霊操』（イグナチオの作った観想と黙想のプログラム）のなかで、まず自分が神によって創造された目的を思い起こすことが大切であると述べています。神の意志が何なのかをほんとうに理解するためには、この私がなぜ神によって創造され、この世界に生まれ、このように生きているのかを問うことが必要になります。イグナチオはこの問いに対して、人生の根本的な目的とは、主なる神を賛美し、敬い、仕えることであり、人間はそのために創造されたのだと言います（『霊操』23、「原理と基礎」）。私は神を賛美し、仕えるために創造された存在なのだと自分で確認できて初めて、神のことばを聞き分けるための基本的な出発点に立つことができます。そして、この私が創造された目的を実現するために、具体的にどのような道を歩むのが最もふさわしいのか、神を賛美し、神に仕えるために、自分はいったい具体的に何ができるのか、神は一体何を望んでいるのかを考えることができます。これが神の意志を見極め、神のことばを聞き分けるための基準になります。

そのうえで、イグナチオは神が自分に望んでいる道を見極めるいくつかの方法を提示しています。例えば、自分が二つの道のどちらかを選ぼうとするとき、それぞれのメリットとデメリットを挙げて、神がいったいどちらの道に招いているのか、神に仕えるためには、どちらの道がふさわしいのかを祈りのなかで探る（『霊操』181―182）、自らの臨終のときを想像して「あのとき、あのように生きればよかった」、「あのときこちらの道を選べばよかった」と思う方がどちらなのかを考える（『霊操』186）など、いくつかの方法をイグナチオは勧めています。そのような方法をとおして、神が何を私に望んでおられるのかを探し求めます。そして、祈りのなかでほんとうに「この道を歩んでみたい」という深い望みが心のなかから湧き出してきたとき、その望みのなかには神の意志が働いていると考えます。

私たちが神の声を聞き分けるために、大きな模範となるのがイエスと御父の関係であると思います。イエスは御父との深いつながりのなかで、御父の意志に対してつねに開かれていました。そして、イエスは最終的に御父の御旨に従って、惜しみなく自分自身を十字架の上にささげました。御父に対して、すべての人々の救いのために、いけにえの小羊として自らの命をささげる生き方を選んだのです。このようなイエスの生き方は、私たちが神に従って生きていく上での大きな模範となっています。私たちもイエスのように御父の真の声を聞き分けて、御父の意志に忠実に従う者となっていきたいものです。

四　道であるイエス・キリスト

ヨハネ福音書において、イエスがこの世を去るとき、弟子のトマスが「主よ、どこへ行かれるのか、わたしたちには分かりません。どうして、その道を知ることができるでしょうか」（ヨハ14・5）と問います。それに対して、イエスは「わたしは道であり、真理であり、命である。わたしを通らなければ、だれも父のもとに行くことができない」（ヨハ14・6）、「あなたがたがわたしを知っているなら、わたしの父をも知ることになる。今から、あなたがたは父を知る。いや、既に父を見ている」（ヨハ14・7）と答えます。

ここで、イエス自身が「道」であるというのは、いったいどういうことなのでしょうか。私たちはいくつかの仕方で解釈できると思います。

第一にイエスが道であるというのは、私たちが自らの意志でイエスの歩んだ道を歩きながら、彼についていくことを意味していると思います。例えば、イエスは弟子たちに「わたしについて来たい者は、自分を捨て、自分の十字架を背負って、わたしに従いなさい」（マタ

16・24）と言っています。彼が御父の意志に従い、自ら自由に選んで受難と十字架を担う道を歩んだように、私たちもイエスに従い、彼の受難と十字架に与る道を歩むように招かれています。

第二にイエスが道であるというのは、私たちが自らの存在において、御子イエス・キリストと一致し、それをとおして、御父とも一致するということを意味しているのだと思います。例えば、イエスは「わたしを見た者は、父を見たのだ。なぜ、『わたしたちに御父をお示しください』と言うのか」（ヨハ14・9）と言っています。この場合、イエスを見る、御父を見るというのは、たんに対象的に見るというのではなく、私たちが自らの存在において、御子との一致に至り、そこにおいて、御父との一致にも至るということを意味していると思います。

第三にイエスが道であるというのは、イエス・キリストが私たちの歩む道そのものであるということを意味しているのだと思います。イエスは自分自身を無にして僕となり、十字架の死に至るまで御父に従順であったと言われています（フィリ2・6―8参照）。彼の十字架の死において、人類の罪はゆるされ、一人ひとりが神との最終的な一致へと至りました。それまで、神と人間の間には深い淵があり、人間は自らの罪ゆえにその淵を超えることができませんでした。しかし、イエスが自らを無にして十字架上で死んだことによって、人間にその淵を超えさせ、神のもとへと導く道となったのです。そして、イエスというこの道において、人間は神との深い一致を体験するに至ったのです。

まとめ

この文章の主題は、私たちが神のことばに聴き従う道をどのように歩んでいけばよいのかを考えることでした。その内容を以下にまとめてみたいと思います。

モーセの生涯は、私たちが神の御旨に従う道を歩むとき、神の語りかけに耳を澄まし、神からの何らかの促しがあったら、それに聴き従って生きることが大切であることを示しています。エジプト脱出の際、モーセはさまざまな困難に直面しますが、彼が神のことばに耳を傾けて、その語りかけに従って何かを行ったとき、必ず神は道を開いてくださいました。そのとき、自分の力ではなく、神のはたらきによって、その出来事が起きたのだということをつねに確認するように神は求めています。

洗礼者ヨハネの生涯は、彼が救い主イエスの到来する道を整えるという使命をどのように生きたのかを示してくれています。ヨハネは神の裁きの到来を告げ、悔い改めの洗礼を人々に授けていますが、自分の後に来る救い主がどれだけすばらしい方なのかを語ります。さらに、ヨハネは「あの方は栄え、わたしは衰えねばならない」（ヨハ３・30）、「花婿の介添え人はそばに立って耳を傾け、花婿の声が聞こえると大いに喜ぶ。だから、わたしは喜びで満たされている」（ヨハ３・29）と言います。彼は救い主イエスの声を聴いたとき、自分の人生の使命が全うされたと感じたのでしょう。洗礼者ヨハネの人生は神の意志への従順、救い主イエスへの徹底した謙遜を貫いたものでした。

　イエスの生涯を見ると、彼自身、この世界に派遣されたとき、御父の御心を行うことが彼の生きる指針でした。そのため、マタイ福音書においては、イエスが主の祈りのなかで、「御心が行われますように、天におけるように地の上にも」（マタ６・10）と命じています。このようなイエスの根本的な意向は、ゲッセマネの園において、自らの受難と十字架を受け容れるとき、「父よ、わたしが飲まないかぎりこの杯が過ぎ去らないのでしたら、あなたの御心が行われますように」（マタ26・42）という祈りに結実しています。彼自身、御父の御旨を受けて、自ら選んで受難と十字架を担う道を歩み、御父への従順を徹底して貫いたのです。そして、キリストの十字架の死において、人類の救済という出来事が生じたのです。

　イエスは「わたしは道であり、真理であり、命である。わたしを通らなければ、だれも父のもとに行くことができない」（ヨハ14・６）と述べました。イエスが道であるというのは、第一に私たちが自らの意志でイエスの歩んだ道を歩きながら、彼についていくこと、第二に私たちが自らの存在において、御子と一致し、それをとおして、御父とも一致すること、第三にイエスが私たちの歩む道そのものであるということを意味しているのだと思います。イエスは御父の御旨に従うことによって、受難と十字架の死に至る道を歩みました。彼の十字架の死によって、人類の罪はゆるされ、人間は神とのつながりを回復し、神との最終的な合一に至りました。神と人間の間には深い淵があり、人間は自らの罪のゆえに、その淵を超えることができませんでした。しかし、イエスが自分自身を無にして、人間としての苦しみを体験し、十字架の上で死んだとき、彼は人間にその淵を超えさせ、神自身のもとへと至らせる道となったのです。

私の歩んだ霊の道

英 隆一朗

はじめに

イエスは仰せになった、「わたしは道であり、真実であり、いのちである」（ヨハ14・6、著者私訳）と。私たちは一人ひとりが各自の人生の道を歩いている。それは独自の道であり、他人と入れ替えることができないものである。ところが、キリスト者である限り、同一のキリストの道を歩んでいるとも言えるだろう。キリストの道を歩む者は、どこかでキリストの真実に触れ、キリストのいのちにあずかることができる。読者の方々が歩んでいるキリストの道の中で、どのようにキリストの真実を見いだし、キリストのいのちにあずかってきただろうか。

この記事では、自分が歩んできた道を素直に語ることによって、キリストの真実といのちがどのようなものか、私なりに理解したことを分かち合ってみたい。私の道は読者の方から見れば、きわめて特異な道に見えるかもしれない。驚きの連続かもしれないが、私の道が異常に見えたとしても、それでも、私たちは同じ道を歩み、同じ真実といのちを共有しているのではないか。皆さんがキリストの道を歩む上で何からのヒントにしてもらいたいと思い、筆を執ることにした。

この道を歩む

大学二年生の終わり、二〇歳で洗礼を受けた。それがキリストの道を歩む出発点になった。そして、二五歳の時に、イエズス会に入会し、本格的に修道生活の道を歩み始めた。現在、洗礼を受けてから四〇年の歳月が過ぎ、イエズス会に入会してから三五年の日々が過ぎたことになる。

なぜこのような道を歩むことになったのか。そのときにはそれなりの動機があったわけだが、今になって思うことは、結局のところ、自分は業が深い人間だからであろう。業が深すぎて、この世のものに自分の居場所を見いだすことができなかったのだ。

スポーツに打ち込んだこともあり、学問の真理を追究したこともある。芸術的なことも好きで、音楽・絵画・小説など風流の世界にも親しみをもっている。人間嫌いということもなく、普通の男性のように、女性に惹かれる心もある。けれども、この世的なものはどんなものであっても、自分の心の中にある虚無感を満たしてくれるように思えない。この世のものに人生のすべてをかけて打ち込みたいという欲求が生まれてこなかった。心を深く見つめると、単なる無常観だけでなく、もっとドロドロとした欲深い業のようなものがある。キリスト教的に言うと原罪ということだが、仏教的に業と言ったほうがよりピンとくる気がする。

もしクリスチャンになっていなければ、たぶん今頃は、奇癖のために犯罪者になって牢獄にいるか、性格的に破綻してとても不幸な結婚生活を送っているか、不摂生がたたって早世していたかもしれない。かろうじて真面目に生きているのは、キリストのおかげだと思っている。今でも業深さの端々で苦しむこともあるが、それでも何とか人並みの奉仕ができるくらいの人生を歩んでいるのは、ただ感謝あるのみだ。

なぐさめの道

二〇歳で洗礼を受けて間もなくしてから、ＣＬＣ（クリスチャン・ライフ・コミュニティ）

という信仰共同体に入ることができた。そこで分かち合い（個人の体験を素直に話すこと）や共同体の良さを味わうことができた。また、聖イグナチオの『霊操』という祈り方に出合い、かなり深い祈りの体験をできたことは大きなお恵みであった。よき指導者から個人指導を受けながら、結局、八日間の霊操を四回も受けることになった。

　その体験を通して、神の愛を深く味わい、イエス・キリストとの個人的な交わりを深めることができた。講座や説教で神の愛の話をよく聞いていたが、黙想を通して、実際に体験できたことは大きなお恵みであった。あまりのなぐさめの凄さにいつも圧倒される思いであった。二〇代前半の若者がそのような特別の霊的なぐさめをいただいたのは本当に幸運だった。

　そのような黙想のなぐさめから、キリストの真実を少しだけ知り、キリストのいのちに少しだけ触れることができた。その真実といのちによって、私の心の虚無感がいやされていくことを実感できた。黙想の中で示されたキリストの真実といのちは何者にも代えがたいものであり、この世のことにまったく興味がなくなってしまった。例えば、会社に勤めてお金を稼ぐこと、結婚して家庭を築くことなど、この世の幸せにまったく興味がなくなり、ただ神のみ心に直接かなう道を歩むこと以外、自分の中に選択肢がなくなってしまった。

　また、当時の信仰の仲間とのかかわりも忘れがたい。人間が歩む道はほとんどの場合、独りだけの道ではない。どのような仲間とともに歩むかも大事な要素だと思う。

結局のところ、自分の道は司祭・修道者になる道しかなかったと思う。いろいろな意味でかなり抵抗したが、神の強い呼びかけを拒否することはできなかった。

荒れ野の道

イエズス会に入会し、最初の二年間は修練という期間を過ごす。創立者聖イグナチオが回心後にマンレーサの洞窟で隠遁生活を送った。修練期とは、そのような体験にならって、修道院に閉じこもり、祈りを深め、イエズス会の精神を少しずつ身につけていく期間である。朝夕の黙想をし、食事、勉学、労働など一日のほとんどの時間を沈黙で過ごし、テレビも新聞も見ない生活であった。このような古典的修道生活を送ったことは、今でも私の生き方の基盤になっている。

修練期の最も大切な実習は、一か月間の大黙想（聖イグナチオの霊操を文字通り経験するもの）である。それまで祈りの体験があったので、この大黙想がとても楽しみであった。神との交わりをさらに深めることができる機会だと期待していた。

ところが、この一か月の霊操期間中に、まったく祈れなくなってしまった。祈れないという言葉は正確ではない。祈っているのだが、黙想の間、頭を働かせて考えることができず、心が動かず、聖書の言葉が何も響かなくなったのである。その大黙想は失意のうちに終了した。楽しみにしていた分、落ち込みも激しかった。神にまったく見捨てられたという思いにとらわれ、絶望の淵に落とされてしまったかのような気分であった。

ただの空白のような砂漠の体験はその後ずっと続くことになる。結局、この状態は一四年間続いた。多くの人に信じてもらえないことだが、その一四年間、黙想から何のなぐさめもなく、何の気づきもなかった。まったくの空白の時間を過ごすだけであった。もちろん、日常生活の中では、なぐさめや喜びがあったが、祈りの中だけは何も感じられず、何の実りも得ることができなかった。その間、何人もの霊的指導者に相談したが、納得のいく返答をもらったこともなく、ただ独りで悶々と苦しむだけであった。

まったく祈れないにもかかわらず、神とのかかわりを深めたいという熱意が失せることもなく、むしろ観想生活への憧憬は強くなる一方であった。が、それが満たされることのない日々が続いていた。一四年間、黙想のための講話とミサの説教を膨大に聞いたが、結局、何一つ覚えていないし、何一つ役立ったこともなかった。心の荒れ野に投げ出され、ただ独り、砂漠の道を歩むしかなかった日々である。その間に唯一心に残ったのは、たまたま日本に訪れていたディヴァルカー神父の講義であった。当時、黙想指導で有名な会員で、インド人特有の深みのある霊性をもっておられた。二〜三回の講義を聞いただけだが、当時の私はとても励まされた。それ以外は誰も頼れなかったので、結局、書物から霊的力を汲むことになる。十字架の聖ヨハネ、アヴィラの聖テレジア、リジューの聖テレーズなどカルメル会の神秘主義の本から励ましを得ていた。十字架の聖ヨハネが語るところの、「感覚の暗夜」の中に自分がいるのだろうと推察し、彼を唯一の霊的指導者として、彼の書物を生きる指針にしていた。一四年間祈れなかったというと誰にも信じてもらえないが、聖人伝を読むと、そのような砂漠の体験をする聖人は少なくないことがわかってきた。そのような聖人たち（マザーテレサ、十字架のパウロ、クロード・ラ・コロンビエールなど）からも励ましをもらっていた。

さらに神学生の頃は、体の調子がとても悪く、日常生活を送ることが困難であった。ほとんど一年中風邪を引いていて、しばしば寝込んでいた。体の調子が悪い日が続くので、まともに勉強した記憶が残っていない。祈れない上に、体の不調が重なり、苦難の日々であった。心配した長上（修道院長）からさまざまな勧告を受けた。院長が替わる度に、精密検査（人間ドック）に送られるが、何の問題も見つからず。行き着くところは、心の問題だろうということで、たびたび精神科か、カウンセリングに送られた。「うつ病」とか、「精神疾患」の診断名をもらうか、修道生活が合ってないのだから普通の生活に戻ったほうがよいというアドバイスをもらった。実際、さまざまなカウンセリングを受けてみたが、そのほとんどはまったく役に立たず、祈りや黙想に何の変化もなかった。その中で、唯一役に立ったのは、ユング派のカウンセラーによる夢分析であった。祈りや黙想から何も得られない状態だったが、自分の夢からはいろいろと示唆に富むメッセージを汲むことができたのは、せめてもの救いであった。ちなみに今も夢日記をつけており、自分の霊的状態を見る一つの手がかりにしている。

　神父になってからも、心身の不調に変化はなく、そのような中で仕事をしていた。その頃の望みは至って単純なものだった。ただ、他の普通の神父のように、まともに毎日ちゃんと働きたいという望みであった。その頃、やりたいことの三分の一くらいしかできず、ずっと欲求不満が続いていた。体の不調は現在まで続いている。やりたいことの三分の一しかできてないという思いは変わらないが、大きな教会で働いたり、講演会をしたり、本を書いたりして、三分の一でこれだけできているのだから、それでよしとすべきなのだろうと、最近になってようやく受け入れられるようになってきた。結局、イエスの道と自分の思い描く道はいつも大きく乖離しているということだろうか。「わたしの思いは、あなたたちの思いと異なり、わたしの道はあなたたちの道と異なると主は言われる」（イザ55・8）のだ。

霊の道

修練から一四年後、私はフィリピンで第三修練をしていた。それは司祭叙階後、しばらくしてから受ける最後の修練で、イエズス会の養成の総まとめのような期間である。第三修練が終わってしばらくしてから最終請願を立てて、それでやっと一人前のイエズス会員に認められるである。この第三修練のクライマックスは、やはり一か月間の大黙想であった。

考えられない、心が動かないと砂漠の祈りはずっと続いていたので、それも慣れてしまい、ただそのような祈りを続けていた。そこから大黙想に入ったのだが、そのときの霊的指導者が心理学の専門家でもあった。私はずっと夢日記をつけており、その内容を分かち合っているとき、彼の一言で心の呪縛が突然解けた。

そして、何と一四年ぶりに、祈ることができるようになった。心も動くようになり（つまり、喜びや平安などを感じるようになり）、気づき（神からのメッセージなど）も与えられるようになり、神との本来の親密な関係が戻ってきた。自分が霊的に新たな段階に進んだように思われた。新たな霊的覚醒であった。霊の知覚がかなり過敏になり、霊の動きにもっと敏感に反応するようになった。

霊的な敏感さとは、具体的には、悪霊の働きや聖霊の働きを前よりも敏感に受け取るようになったのである。それは大きな恵みであったが、新たな苦しみを生むことになった。聖霊の働きはありがたいが、同時に悪霊の働きに敏感になり、かなり困った事態に陥ってしまった。ありとあらゆるところで、それをキャッチしていまい、日常生活に支障をもたらすようになった。例えば、司祭として病院訪問をすることがあるが、病院に入った途端、そこにいる浮かばれない霊が取り憑いてきて、帰る頃には歩くこともできないくらい疲弊することがしばしばであった。泊まったホテルの部屋がいわゆる事故物件だったようで、夜の祈りをしていると、スーと鳥肌が立つのでどうしたことかと思ったら、その部屋の片隅に首つり自殺した幽霊がぼっと立っていて、結局、一晩中一緒であった。人間に憑依している霊も多く、そういう人と話すだけでやたら咳き込んでしまう。そのような、ばかばかしいエピソードは数限りなくある。

　悪霊からの執拗な攻撃に悩まされ続けているとしても、そのようなこと（私のただの妄想かもしれないこと）を気にしなければよいと思われるかもしれない。実際のところ、悪霊の攻撃をほっておくと、あっという間に体が倒されてしまい、すぐに一週間や二週間は寝込むことになってしまった。ちょっと気を抜くとすぐに倒されていた。普通の司祭のように普通に働くためには、悪霊の攻撃を一つひとつ丁寧に防御し、それに打ち勝っていく必要があった。霊の戦いに投げ込まれ、その中で心身ともに健康を保つことは、まさにサバイバルであった。さらに悩ましかったのは、私のこの奇妙な体験を導いてくれる指導者が誰もいなかったということだ。そのような体験に詳しい神父はおらず、そのような解決方法を書いてある本もなかった。神学部の図書館には、悪魔についての学問的な本がいくつかあったが、悪霊を追い払う方法を書いた本は何もなかったのだ。世俗的な本も参考になるような、ならないような印象であった。ということで、この霊の道をまた独りで歩いて行くしかなかった。孤立無援の中、試行錯誤を重ねながら、失敗と成功を体験しつつ、神とともにおぼつかない毎日を過ごしていたのである。

悪霊の執拗な攻撃は主に身体的に反応することが多かったが、さらに心理的というか、魂にも攻撃を受けており、もっと深い部分にも侵入して来るようだった。自分の心には何とも言えない業のような暗黒の部分がある。悪霊はそこに強く共鳴するので、自分の本来の弱さが増幅され、ものすごい苦しみを生むこともある。時には、甘美な誘惑として現れることもあるから、抵抗するのはさらに難しくなる。悪霊の攻撃にすっかりやられてしまうこともあった。その影響もあったのだろう。その当時、与えられた仕事が安定せず、たびたび転職していた。どれも長続きせず、仕事の上でも挫折を味わっていた。

当時は、そのような霊的覚知を使って、まわりの人の悩み解決に役立てていた。単純に浄霊の祈りをして、ある種のアドバイスをしていた。そうすると、さっそくまわりの信者から訴えられ、当時の管区長から聖職停止処分（修道院に蟄居させられ、公の仕事が禁止になる処分）を出されそうになったこともある。そのときは、結局、高名な医師の元で精神鑑定を受け、精神的に正常だが、極度のノイローゼという診断をもらった（これはいつものパターンだが）。結局、聖職停止処分は下されず、今でも公の仕事を何とか続けることができている。それに懲りてしまい、人前でそのようなことを話題にすることは止めた。それでも時々つい話してしまうと、「そんな悪霊など存在しない」と怒ったように否定されるか、興味津々でいろいろと質問してくるかである。そのいずれの態度にもうんざりしている。

ただ私のこのような能力は、世間一般でいうところの霊能者レベルだとはとうてい思えない。プロの霊能者に比べると、私の能力はアマチュアの子供だましくらいであろう。実際は大したレベルでない。いずれにせよ、あまりばかばかしいので、なるべく口外しないようにして、表面上は平穏に仕事をしている。人前で口外するようになると、また途端に訴えられ、司祭職の執行に困難をきたすようになるだろう。

そのような体験から確かに言えることは、『霊操』に記されている「霊の識別の規定」（霊操313―336）はとても有効であるということだ。何か変な現象にのみ引きずられると、物事の本質を見失ってしまうものだ。聖霊の働きにせよ、悪霊の誘いにせよ、それをしっかりと識別して、見極めて、悪霊の誘いを避け、聖霊の促しを選んでいくようにすれば、何の問題も起こらない。『霊操』の真の宝は識別の原則を明示したことだ。これは単に祈りの中で活用されるだけでなく、日常生活とその背後にあるさまざまな動きを見極めていくために極めて有効だと思われる。結局のところ、聖イグナチオの霊の識別の規定が、私にとって、キリストの真実を生きていく道しるべになっていたと言えるだろう。

　このような体験をしているうちに、いわゆる霊能力のある人々に出会うことが多くなった。彼らの能力は多種多様であり、人それぞれである。彼らの多くは、日常生活の中で生きづらさを抱えている。見えないものが見えるということは、それほどうれしいことでないのだ。彼らと付き合っていると、霊にあおられて、何か常軌を逸してしまう方も多々見られた。素直に従っていくと、必ず悪霊が入ってきて、いつの間にか変な方向に逸脱していくのだ。そのような事例を見るにつけ、いかに「霊の識別」が大事であるかを痛感している。祈りだけでなく、仕事でも日常生活でも、霊の識別は必要不可欠な要素なのだ。

　司祭としての仕事を続けていくと、なぜか信徒から絶賛されることも増えてきたが、それと同時に誹謗中傷されることも多くなってきた。極端な両面の評価を受けるようになった。そのようなとき、絶賛している人たちの後ろにいつも聖霊が働いているとも限らない。絶賛されるときは、むしろ悪霊の匂いがすることも多い。逆に、誹謗中傷している人の後ろに悪霊がいることが多いのだが、ただ悪霊だけとも言えないように思えることもある。何かそこに聖霊の働きもあるように思えることもある。この世の評価にしても、それをしっかりと霊的に識別していくことによって、真実といのちの方向性を確かめていくことができると思う。

悪霊だけにやられていて、悪いことばかりがあったわけでもない。聖霊の働きに触れることも多々あった。特異なことを一つだけ述べるならば、鎌倉の黙想の家で働いていたとき、聖イグナチオ教会の当時の主任司祭から、いやしのミサを司式してほしいと頼まれた。いやしのミサを司式する司祭が誰もいないというので、ピンチヒッターで始めた。いやしのミサとは、心や体に病を抱える人のいやしを願う意向で立てられるミサである。その時以来、断続的にではあるが、いやしのミサを司式している。長く続くということは、何らかのなぐさめが与えられているのだろう。病人に対しては、イエスや弟子のように、なるべく頭に手を置いて、いやしを祈るようにしている。もちろんイエスのように、必ずいやされるということはないが、平安や励ましが与えられているように感じられることがある。これは聖霊が働いている一つのしるしではないかとも思っている。聖霊の働きについては、神の純粋な恵みとして、心から感謝している。

ひろがりの道

そのような苦労を重ねていくうち、世界に衝撃を与える出来事が起こるようになった。例えば、二〇〇八年のリーマンショック、二〇一一年の東日本大震災など。そのような大きな出来事のあと、いやしや救いを祈り続けていくうちに、自分自身の意識もさらに広げられるようになってきた。霊の動きをもっと大きな次元でとられるようになってきた。

それまでは単体の悪霊のような存在に振り回されていたが、だんだんともっと大きな霊団のようなものに意識がいくようになった。また変な例で申し訳ないが、鎌倉の黙想の家で働いていたときのことである。東日本大震災の後、鎌倉の宗教者が団結して祈りを献げるようになってきた。鎌倉の中心には鶴岡八幡宮があり、そこの宮司（カトリックの主任司祭のような役割）がまとめ役になってくださり、年に一回の合同祈祷集会を行うようになった。その宮司は人格的にとても立派で尊敬できる方であった。諸宗教の方々とともに祈りを献げるのは貴重な体験であった。

それは恵みの体験だったが、霊的には全然違う体験をしていた。どうもある団体には、その背後にある種の軍団（聖書ではレギオンという名が付いている）のようなものがあることがわかってきた。鎌倉には神社仏閣が多いが、一番有名で、一番大きいのは明らかに鶴岡八幡宮である。鎌倉という町を霊的レベルで支配しているのは、この神社を守護している神道系の霊団であることが徐々にわかるようになってきた。その霊団（の下部組織）はどうもあまりレベルが高くなく、他の宗教の霊が入るのをとても嫌がっているようであった。そのため、私が鎌倉の黙想の家にいるとき、何かの折には、その鶴岡八幡宮の霊団からしばしば霊的攻撃を受けていたのである。私は責任者として赴任していたので、その攻撃から黙想の家を守るのが、私の一つの霊的つとめであった。神社にしろ、寺院にしろ、その背後には一種の霊団がいて、守護しているのであろう。彼らは何か異質なものを排除しようとする動きが強く、キリスト教の信奉している私は格好の標的であり、しばしば霊的な嫌がらせを受けていた。

経験上言えるのは、どこでも神道系の霊団は地域支配の意識が強いので、キリスト教に対してかなり攻撃的である。それに対して、仏教の霊団はもっと穏やかでそれほど激しい攻撃には遭ってない。私自身は神道や仏教など日本古来の宗教に対して日本人として深い尊敬の念を抱いているし、敵対する気など毛頭もないのだが、なぜか攻撃を受け続けていた。このような体験から、日本でキリスト教徒が増えない理由もわかるように思う。日本古来の宗教を守護する霊団の数も多く、力も強いので、キリスト教の霊団が入ってくる余地がないということだろう。もちろん、キリスト教が一つの霊団を形成しているのは間違いない。位階性のある諸天使や聖徒の交わりによる天上の教会というイメージが霊団の存在を明示している。私自身、霊団による霊的戦いには何の興味もないのだが、なぜかそのような不毛な場に巻き込まれてしまい、不本意ではある。

まだそれくらいのレベルならば、それはそれで許容できる範囲というか、個人的に耐え忍べば済むことかもしれない。悪霊の邪魔があるところには、聖霊の働きが強まるという逆説もある。私自身は、与えられた小さな使命の中で、聖霊の小さな実りを実らせるよう努力するだけで十分だと思っている。

ところが、話はさらに進んでいってしまう。神道系の霊団の力はだんだんと連合していき、どうもさらに大きな力となって結集しているように見える。それを現象面で語ると、現在のナショナリズムの流行である。保守派である安倍政権の長期化によって右傾化が進み、それを支えていると言われている日本最大の右派団体である日本会議の存在が意識されるようになってきた。その背後では、国家神道の霊団がかなり活発化しており、強い警戒心をもっている。国家神道になると、地域の霊を超えて、日本全体に影響を与えるレベルの霊団である。

このような霊的流れがある中で、聖霊は私たちをどう導こうとしておられるのだろうか。そしてまた、私自身、どのような使命を果たしていく必要があるのだろうか。道が広がっていくにつれ、私の身の置き所もよくわからない。

私はもともと祈りの手引きのような本を書いていた。それ以降、国家レベルの霊の動きを感じるようになり、社会に対する強い危機意識を抱くようになった。そのため、『希望の光――危機を通して、救いの道へ』（オリエンス宗教研究所）や、『黙示録から現代を読み解く』（女子パウロ会）という社会問題を提起する本を書くようになった。かなり強い危機感を抱いており、それを人びとに語りかける促しを覚えるようになったからだ。特に、聖書の中では、黙示録を熟読するようになり、そこから神のメッセージを聴くことを心がけるようになった。

　そのような危機意識をもっているときに、思いもよらない転勤になった。鎌倉の黙想の家に引きこもり、少数の黙想者のために働いていたのが、突然、東京で一番大きな教会で働くことになった。イエズス会に入会したときも、司祭叙階のときも、小教区の教会で働くことを考えたことも、望んだことも一度もなかったにもかかわらず、突然の人事異動であった。霊的覚醒の時からまた一四年が経っていた。

　この転勤は、自分の霊的意識のひろがりとシンクロしているようで、神の呼びかけとして受けとめざるをえなかった。これはこれで何かの時のしるしなのだろうか。気持ち的には、都会の大きな教会で働くことに強い抵抗感（そこに行くと大きな十字架が待ち受けている予感を含めて）があったが、神のみ旨として、承諾するしかなかった。そして、聖イグナチオ教会で働くことになり、それが今まで続いている。毎日、雑事に追われ、目も回るくらい忙しいが、何か私が果たすべき使命があるのだろうか。

神のあわれみの道

聖イグナチオ教会に来て働き出してからしばらくして、二〇一六年、教皇フランシスコが「神のいつくしみ（原語では、あわれみと同じ言葉）の特別聖年」を発布した。その特別聖年を過ごしている間、祈りを深めていくと、この神のあわれみの心がだんだんと心に浸みるようになってきた。結局、私たちは神のみ手の中で生きている。神のみ手は、ただ愛の心だけである。それが自分の存在全体で、しみじみと感じられるようになってきた。

父なる神の愛の心を理解するのに、ヴァイアナ・スタイバルの『シータ・ヒーリング』が役立った。この本は、キリスト教の本ではなく、典型的なニューエイジに属するものであり、ヒーリングについての独自のメソッドを提案している。私はヒーリング・メソッドそのものよりも、その背景にある世界観に感銘を受けた。この世界のすべての存在を七つの層に分け、その一つひとつの特徴を説明している。上記の私の体験もその枠の中で関連づけられるようになった。私たちは存在の第三層で暮らしている（第一層は物質、第二層は植物の世界だが）。私たちは動物とともに三次元の時間・空間に制限されている世界で暮らしている。私たちの生と死はその世界の中での話だ。その上の第四層は、死を超えた次元の高い世界である。時空の制限はなくなり、純粋な霊の世界と言えるだろう。この世界は私の上記の「霊の道」で体験した世界と呼応していると言える。悪霊や善霊が混じり合い、それが現世（第三層）にいろいろと影響を与えている。その上の第五層は、さらに高次の世界であり、私が体験した「ひろがりの道」に通じている次元である。大規模なエリアに影響を与える高次の霊が存在しており、聖人と呼ばれるような聖性が極めて高い魂だけがこのレベルにおられる。ほとんどの凡人は、第三層と第四層の間くらいにとどまっているようだが、霊的にきわめて高い霊魂だけがこの第五層まで来ることができる。そして、第六層はこの世の法則のもとになっている階層であって、学者が研究し、発見する真理や法則はすべてこの世界の探求の結果と言えるだろう。その上に、存在の第七層があり、ここは創造主のレベルである。ここにあるものは、ただ愛だけである。その愛こそが、父なる神のまったく無償で無限で無制約な愛そのものなのだ。「神は愛です」（一ヨハ4・16）と述べた使徒ヨハネが見ていたものは、まさに愛そのものでしかない神の実相であった。父なる神がいかに愛そのものであるか、やっと身にしみてわかるようになってきた。イエスが神のことを父と呼び、その父の恵みから人をいやし、福音のメッセージを語られていることがよくわかる。結局のところ、イエスを通してこそ、父なる神がどういう方かよくわかるのだ。あるいは、イエスを通さないと、父なる神のすごさがそれほど理解されないとも言えるだろう。「わたしを見た者は、父を見たのだ」（ヨハ14・9）というイエスの言葉はまさにそのとおりだ。この愛こそが、イエスが示した真実であり、永遠のいのちなのである。

存在の第七層は、善悪という二元相対の世界を超越している。善悪の分裂は、被造物から見た一種の虚構の見方ということもできるだろう。父なる神からみて、善も悪もないのだ。『霊操』の「原理と基礎」（23）は、このような眺めから見ないと、そこで語られる不偏心の意味を掴みきれないだろう。聖イグナチオは、この神の世界を観想していたのだろうと思う。

父なる神のあわれみに触れ、それを生きていけることこそ、キリスト者の最大の喜びであるし、キリスト者の真の使命であると思う。イエス・キリストの真の使命は、その神の愛をあかしするため、十字架の死によって人類の罪をあがなわれたことにある。私たちキリスト者にとって、イエスの十字架上の死こそ、神のあわれみが最も明確に示されているのだ。

私の霊的道の到達点は、まさにこの神のあわれみである。善霊や悪霊という区別は存在の第三層で生きていく上で必要ではあるが、それを超える神のあわれみこそが、キリストが示された最大の真実であり、いのちの源である。この神のあわれみが世界を包み込んでいる。ただそれだけが本当に真実なのだ。この第七層をいつも実感できるわけではないが、少なくとも、ここに自分の存在の基盤をおいて生きていきたい。

今の私はこの神のあわれみの道をただ歩いて行くのみである。もちろん毎日の仕事は平凡なことを積み重ねているだけである。この教会の主任司祭になってからは、次から次へとやってくる諸問題にひたすら対応している日々である。想像を絶する変な問題が起こることもあり、日頃はごく小さなトラブルとつき合っている。小さな一つひとつのことがチャレンジでもある。日々の小さな出来事、小さなかかわりの中で、自分自身が真の愛を生きているか、しばしば厳しく問われるようになってきた。自分の心を見つめるならば、いかに自分の心の中に愛が足りないか、痛感させられるようになった。毎日の小さなことに愛を注ぐ難しさである。仕事が立て込んで忙しかったり、体の調子が極端に悪いときでも、惜しみなく愛をもって接することができるかどうか。忙しい教会活動の中で、問いかけられることは非常に多い。教会の中では立派な信徒も多く、心から尊敬できる人たちも少なくない。その反面、自分の理解をまったく超えている人たちも多い。その人たちを心から受け入れられるか、日々問われているとも言える。なぜか根も葉もない噂を流されることもあるし、批判のメールやＦＡＸもたびたび受けとる。ほとんどは的外れのように思うが、どこかに私の愛のなさが現れているかもしれない。毎日が愛の修練のようにも思える。その中で、愛という真実が実を結ぶのだろうか。それは大きな試練の道でもある。

そのような中で霊的に重要な出来事が続いた。一つは、二〇一九年、新天皇の即位である。平成天皇と皇后は、霊的にきわめて卓越されている存在であり、日本国の霊的バランスを取るために重要な役割を果たされておられた。世の中が少しずつ右傾化し、国家神道の隆盛が見られる中で、その国家神道系の霊団を抑えておられたのは、その軸におられた平成天皇と皇后であった。国家神道の中心におられるべき天皇がその霊的動きを止める重石となり、日本の健全な民主主義を守護する立場におられたことに対して、ある種の畏敬の念を抱いていた。その天皇が代替わりして、令和の時代になった。令和時代は日本の霊域が激しく動いていく予感がある。その中で新天皇は霊的にどういう立ち位置になられるのだろうか。新天皇の存在は、霊的に見ても、きわめて重要な役割を担われるであろう。新天皇のもとで、日本全体の霊域をどう整えるか。これは、現代日本の宗教指導者が懸念せねばならない最重要課題の一つなのだが、今こそ、心ある宗教家が新天皇のもとに集い、祈りを捧げるべき時が来ているのではないだろうか。しかしながら、日本の宗教界は停滞の一途をたどっており、悪霊の跋扈する余地を与えてしまっている印象がある。大いに懸念する事態である。

もう一つは、二〇一九年、教皇フランシスコが来日されたことである。これも日本の霊域に大きな影響を与える出来事であった。そして、教皇自身の人柄に触れるとき、神のあわれみの心が化身しておられるような印象をもった。このような存在こそが私たちの模範であるべきだ。神のあわれみの恵みとチャレンジを教皇来日から受けたのである。

新天皇の即位と教皇フランシスコの来日の恵みをしっかりと受けとめ、日本の教会の歩むべき道をしっかりと見いだしていこうと思っている矢先に、とうとう世界的危機がやってきてしまった。二〇二〇年初頭から、新型コロナウイルスによる感染症が世界中に拡大し、私たちの社会活動や宗教活動も大きく制限されるようになった。現代人の歩むべき道が突然の暗礁に乗り上げたのだ。

このコロナウイルスについて、祈りの中で何度も霊視を試みた。震災や原発の事故くらいのレベルまで、その霊的な働きを自分なりにビジュアルな形で把握していた。ところが、世界規模に広がるコロナウイルスについて、どうも霊的な把握がうまくできない。結局、ウイルスの蔓延は、悪霊の働きというよりも、地球上の大自然がバランスを取り戻すための、一つの反作用という風に感じられる。人間が自然を破壊しすぎたために、自然界がバランスを取り戻そうとしているのだ。今、人類がすべきなのは、ワクチンや特効薬を開発することよりも、むしろ大自然と和解する生き方を選択することだ。エコロジーを大切にするライフスタイルを確立するならば、ウイルスは自然と収束していくだろう。このまま、人間の欲望をただ拡大する道を歩もうとすればするほど、次から次へと自然災害が襲いかかってくるだろう。ウイルスとの戦いという表現を使う人がいるのが、背後に悪霊がいないのに、いったい何と戦うのか。戦うべき相手は別にいるのだ。

人類の生き方をシフトする時が来ている。私たちの生き方をイエスの真実に合わせていくならば、いのちの道が開かれるだろう。逆に、この世の富を求める欲望中心の生き方を続けていくならば、もう滅びの道しか残されていない。今、人類は重大な局面に立たされている。いのちの道を歩むのか、滅びの道を歩むのか。二〇二〇年以降、一人ひとりが選択せねばならない。この混迷の中で、一人ひとりが黙想を深め、悪霊の動きを見きわめ、聖霊の導きの道を見いだしていくしかない。私たちは、新たな道を歩み始めねばならない。

私にとって、到達点はいつも出発点であった。イエスは歩むべき道をはるか先まで見せてくれることはほとんどない。いつも二、三メートル先を少しだけほのかに照らしてくれるだけだ。それを頼りに少しずつ、こっちかな、あっちかなと手探りで少しずつ歩んでいくしかない。間違ったと思ったときは、軌道修正をしつつ、イエスの真実を求めていくしかないのだ。

また道というのは、たった一人で歩いているだけでは道にならない。多くの人が踏みしめていくからこそ、それが一つの道となる。現代に生きる私たちが、聖霊の導きに従って多くの人が歩んでいくとき、そこにキリストの真実が見いだされ、キリストのいのちに触れていくことができる。その真実といのちを心ある人びとと分かち合っていきたい。主が何かまた示してくださるだろう。その道を誠実に歩いていきたい。

参考文献

・聖イグナチオ・デ・ロヨラ『霊操』新世社（一九九二年）
・十字架の聖ヨハネ『カルメル山登攀』ドン・ボスコ社（一九六九年）
・パルマナンダ・ディヴァルカー『霊操で祈る――内的知識へのこみち』新世社（一九九七年）
・ヴァイアナ・スタイバル『存在の七つの層――シータヒーリングの哲学』ナチュラルスピリット（二〇一八年）

インドネシアにおける宗教

――政治的アイデンティティ？　それとも神への導き？――

フィルマンシャー・アントニウス

導入

「フィルマンシャー・アントニウス」。これが私の名前です。二つの言葉からなる名前です。「フィルマンシャー」という言葉は「フィルマン」と「シャー」というペルシア語から由来します。「フィルマン」の意味は「み言葉」で、「シャー」の意味は「族長、教主」です。従って、「フィルマンシャー」という言葉の意味は「族長や教主のみことば」です。「教主のみことば」という意味をもつ名前は、とくにイスラム教の信徒の間でよく使われます。「アントニウス」という私の名前は「パドヴァの聖アントニオ」で、カトリック教会の信徒としての洗礼名です。しかし、高校の頃、「フィルマンシャー」という名前の影響で、私はイスラム教の信徒としてよく誤解されました。例えば、イスラム教の祈りの日、金曜日には、モスクで祈るようにと高校の先生によく指導されたことがありました。インドネシアでは、よくある誤解かもしれません。私もこの誤解に対して怒りを感じたことはありません。しかし、この経験をふりかえってみると、インドネシア人のアイデンティティの多くの部分は、宗教的なアイデンティティによって構成されていることがわかります。

宗教によるアイデンティティ

インドネシアは宗教国家ではありませんが、宗教はこの島国のイデオロギー的な一部となっています。インドネシアの宗教は、正式な教育以上に、小さい頃から子供たちに伝えられています。インドネシアでは、イスラームだけではなく、キリスト教も発展しています。インドネシア全土には二六〇〇万人以上のキリスト教徒（プロテスタントとカトリック）がいます。宗教は、米、主食などの日常生活の一部であり、おそらくインドネシア東部の米よりも一般的です。世界の多くの国々は世俗的な方向に向かって動いていますが、インドネシアは世界の国々とは反対の方向に動いています。

インドネシアがなぜこんなに宗教的であるのか、不思議に思うかもしれません。インドネシアには「パンチャシラ」と呼ばれる独自の特別なイデオロギーがあります。第一の教訓は「唯一神への信仰」であり、「唯一の神を信じる」という意味です。通常、「必須の宗教」として解釈されています。この指針は一神教を明示的に支持しています。ただ、ヒンズー教、仏教、中国の伝統的な宗教、アニミズムなどの先住民族の宗教などの一神教ではない宗教も認められていて、その宗教に従う人もいます。例えば、ほとんどのバリ人はヒンズー教に従っています。しかし、その数はアブラハムの一神教に比べて非常に少ないです。したがって、特定の原則は、公共の場所でさえ、宗教的慣行を許し、奨励し、義務づけます。インドネシア憲法、法律一九四五、第二九条では、次の内容を述べています。（1）国家は唯一神への信仰に基づく。（2）国家は、すべての国民がそれぞれの宗教を有し、その宗教及び信仰に従って礼拝を行う自由を保障する。この法律のもとで、インドネシアでは「宗教省」があり、とくに宗教に関する問題に対処しています。だから、「パンチャシラ」というイデオロギーと憲法によれば、宗教はインドネシアの中心です。これはインドネシアの広範な宗教的実践の基礎です。

日常生活のなかで、上記の第一の原則は証明されています。宗教はインドネシア人のための米のような定番のものです。インドネシア人にとって、宗教に従うことは不可欠です。

「宗教なしの生活」という考え方は奇妙だと見られています。このような考え方は海外の世俗的な国に行って、そこで人々に会ったり、またはインターネット上で宗教的ではない人々に何らかのかたちで接したりしたことによるものであると理解されています。インドネシア人の身分証明書には、宗教を記入する欄があります。空欄のままであれば、その身分証明書の持ち主は社会的な立場が危うくなり、社会のなかで混乱を体験します。同様に、各家族の戸籍謄本にも、家族のメンバーの宗教が記載されています。

　インドネシアの社会はまた、インドネシアの国民が宗教生活を実践することを期待しています。例えば、「私はキリスト者です」と言っても、その信徒が教会に出席したことがなければ、他宗教の信徒でさえ、その人を奇妙に見たり、やや否定的に見たりします。同様に、イスラム教徒にも当てはまります。「私はイスラム教徒です」と言っても、その信徒がめったに祈らなかったら、インドネシアの社会のなかで奇妙であると思われ、否定的に見られてしまうでしょう。

　家族や社会からのプレッシャーのために、宗教的な従順は生活の習慣のなかに位置づけられています。「ムスリムの文化」、「キリスト教の文化」、「宗教は証明書に記述するのみ」という考え方は、不愉快なものとみなされ、人々によって否定的に見られる傾向があります。そして、他人の宗教を直接尋ねるならば、それは礼儀正しいことであると考えられています。

誰かが有名人の宗教に関する情報を探している場合、または好奇心が強い場合は、その人の宗教を聞くのは、珍しいことではないと考えられています。さまざまな社会問題について宗教的な評価をくだす人々もいます。

宗教的な習慣は非常に重要であると考えられているので、宗教的な建物はどこにでもあります。モスクは通常、一キロメートル未満の間隔で見られます。イスラム教の祈りを、一日五回を聞くことは毎日の現実です。インドネシアのテレビ放送協会はさまざまな宗教的な番組を放送しています。インドネシアの全国民のために、各宗教の祭日や説教など多くの宗教的なプログラムが作られています。

宗教による教育

上記の第一の原則に基づいて、宗教は国民の道徳教育のために最優先されています。「宗教」という科目は文部省によってすべての学校にて必修科目として教えられるように定められています。インドネシア共和国の政府規制によると、二〇〇七年五五条、宗教教育は小学校の第一レベルから大学に至るまで、教育のすべてのレベルで必須です。学校における宗教教育は学生たちの倫理観を育成させるために、その学生の宗教によって教えられるように義務づけられています。また、学校での授業の前後にも祈りが語られます。このように、生徒たちは家庭のみならず、学校においても、宗教的倫理観を持っている人になるように育成されています。したがって、子どもたちは幼い頃から祈り、礼拝などの宗教活動を教えられ、通常、これらの活動は社会人になると習慣になります。そのため、学生たちは幼い頃から、自分の宗教を学んで、その宗教に従って生きています。

この宗教教育の制度の中で、例えば、創造論は幼い頃から、あらゆる宗教で教えられています。宗教に基づく創造論は、子どもたちの心に「根ざしています」。その代わりに、進化論は中等学校で教えられています。それでも社会学専攻の学生を除く理化学専攻の学生に限って教えられています。また、進化論は特別に生物学専攻の学生には詳しく教えられています。

宗教的意識は学校だけでなく、さまざまな公的なイベントにおいても頻繁に見られます。公共の集まりにおいて、宗教は大事な役割を果たしています。神の名を呼ぶことや、祈りは通常、イベントを開始する前と完了した後、私的または公的に行われます。公的なイベントにおけるスピーチは、ほとんど宗教的な挨拶で始まります。〝アッサラームアライクム　ワラフマトゥッラーヒ　ワバラカートゥフ〟というイスラム教に由来する挨拶、また「主の平和は皆さんと共にあるように」というキリスト教に由来する挨拶はスピーチも他の機会に広く使用されています。

宗教の影響は本の序文にも及びます。序文で神に感謝の言葉を述べるのは、一般的なことです。これはフィクションであれノンフィクションであれ、さまざまなジャンルの本では珍しくないことです。例えば、アラビア語とイスラム教の表現は本の序文の中で使用されます。しかし、本の序文のみならず、他宗教の信徒でもイスラム教の表現を広く使用しています。文化的な表現として、普段インドネシア人は「アルハムドゥリッラー（アッラー［神］に栄光あれ）」と、宗教を問わず、言います。または、驚いたときに「アスタグフィルゥロ（アッラー［神］のゆるしを）」と言い、悪い行動に直面したときの「マーシャアッラー（アッラー［神］が望まれた）」、そして有望な時に「インシャ・アッラー（すべてアッラー［神］の思いのままに）」と発言する習慣があります。しかし、文化的発言としてではなく、宗教的発言のまま言われているときもあります。例えば、大多数のインドネシア人が、大きな賞品を獲得したり、試合に勝ったりするときに、彼らの反応はどれほど宗教に影響されているかを見ることができます。ほとんどのイスラム教徒のインドネシア人はアッラーの名を呼んで感謝を示し、キリスト教徒は通常「神に感謝」と言います。

宗教的教育による倫理観への影響

インドネシアで行われる結婚は、宗教的な儀式の一環として行われた場合にのみ法的に有効であり、認可されます。結婚証明書の署名の中にも、宗教的な結婚としての証明が含まれています。世俗的な文書（区役所での結婚の証明書）の署名は、宗教的儀式の後に行われます。インドネシア政府は、自国の領土内で世俗的および非宗教的な結婚を認めません。一九七四年以降のインドネシアの結婚法によれば、結婚は一つの宗教的儀式でのみ行われると述べられているので、異なる宗教の夫婦は通常、片方の宗教に従わなければならないことになります。しかし、インドネシア政府は自国民が他の国で世俗的な結婚をすることを認めています。インドネシアでは、宗教にもとづく最も保守的な倫理が保持されています。インドネシアは、アラブ諸国と共に同性愛者の権利を認めていない国々の一つです。社会のなかで実際に同性愛の現象があるにもかかわらず、同性愛は異常であるとみなされたままです。セックスに関する倫理も厳格であり、結婚前の性交渉はタブーであり、中絶も大罪として見なされています。インドネシアの服装規定も厳格です。ほとんどの人々、とくに女性の場合、海辺やプールへ行くときにビキニのような水着を身に着けることは、非常に礼儀正しくないとみなされます。多くのイスラム教徒の女子は、例えば、ヒジャーブ（イスラム教の女性用のベール）を身に着けるように教育されます。このヒジャーブはイスラム教徒と非イスラム教徒の女子を区別するために非常に有用です。アルコール飲料も厳しく規制されており、とても高価なものであり、見つけるのが難しいです。インドネシアでは宗教法が高く評価されています。

宗教的教育と霊的生活の問題

インドネシアでは、罪と地獄についての観念は、日常生活において多くの人々の心のなかに浸透しています。例えば、インドネシアの大多数の宗教であるイスラム教では、地獄は恐ろしい場として教えられています。したがって、イスラム教徒は宗教の教えに従って、地獄に行くことのないように教育されます。

キリスト教徒も地獄について教えています。しかし、キリスト教徒はイエス・キリストへの信仰によって自分たちが地獄から救われていると信じ、天国への道が保証されていると信じています。多くのキリスト教徒はまた、彼らが神に感謝していることによって、より多くの祝福を得ることができ、神との親密さを保っています。これによって、インドネシアのキリスト教徒はより宗教的になろうとしています。

宗教の霊的な影響が強いにもかかわらず、インドネシア人は迷信を信じる傾向も持っています。大多数のインドネシア人は幽霊、悪魔憑き、超能力者が現実に存在すると考えています。神話や都市伝説は一般的に信じられており、霊能者の助けを訪問し、求める人々がいます。

宗教的教育と無神論との出会い

前述のパンチャシラのおかげで、インドネシア人には神への信仰がおのずと身に着いているのでしょうか。多くの人々は神への信仰が人間のうちに自然に存在すると考えています。従って、パンチャシラの前では、無神論はインドネシアの価値観にとって「不適切である」とみなされ、「敵」として考えられます。さらに、インドネシアは一九六五年の共産主義のクーデターの試みによって混乱状態に置かれました。共産主義は無神論者であったため、無神論に等しいと考えられていました。ほとんどのインドネシア人は無神論者、不可知論者、または無宗教者との出会いを経験したことがないため、そのように共産主義を理解するようになりました。

そのため、インドネシア人の大半は無神論、不可知論、無宗教の概念を十分に理解していない可能性もあります。その結果として、共産主義者たちに汚名を着せる傾向があります。

ここで長い宗教教育のインパクトが見えてきます。インドネシア人には、「インドネシア人は宗教を持つ人々です。私たちは宗教的な人物である」と養成されるため、無神論はインドネシア社会の一部としてふさわしくないと考えられています。しかし、インドネシアには無神論者や不可知論者も実際にいます。彼らは、通常、インドネシアから離れ、より世俗的な国に住むことを選択します。もしも、出国できなければ、彼らは宗教を信じているふりをせざるを得ませんでした。

さらにインドネシアには宗教に対する冒瀆を禁じる法律もあります。しかし、この法律は自分の宗教が批判されることに敏感な人たちによって利用される危険性があります。宗教に対する冒瀆を禁じる法律があるため、宗教を批判する行為をおこなうのは、高いリスクをともないます。宗教的教えや教義、聖典に反対する者は投獄されます。結局、宗教の発展を助けるための批判は妨げられ、信徒の言論の自由も制限されてしまいます。

神への導きとしての宗教――家庭における信仰教育

以上のように、インドネシアでは宗教がすでに浸透していることがわかります。インドネシアはひじょうに宗教的であり、国が実際に特定の宗教に基づくわけではないのですが、宗教そのものが国家のイデオロギーの事実上の部分となって具現化しています。さらに、インドネシアの教育の質は他国と比較すると低いです。そして、多くの国民が国の歴史について十分な批判的教育を受けていないという事実もあり、その代わりに宗教はインドネシアの多様な文化のなかに深く根ざしています。この国のなかで、私は生まれ育ちました。

　インドネシア人である私にとって、インドネシアにおける宗教は家庭的なことです。ほとんどのインドネシア人の家庭は一つの宗教に留まります（例外もありますが、少ないです）。多くの家庭では両親の宗教が、その家庭の子どもの宗教になります。私も同様に、カトリックの家庭の中で生まれ、カトリック教会で幼児洗礼を受けました。成人洗礼を受けた方々と違って、自分が選んだ道ではありませんでした。

　しかし、正直に言うと、両親が私のためにカトリック教会を選んでくれたことを私はとても嬉しく思っています。なぜなら、両親の決断（私にカトリック教会の洗礼を授けるという決断）によって、私は彼らの愛の深みを把握することができるようになったからです。すなわち、両親の最も深い愛は彼らの信仰のなかにあります。私がカトリック教会で洗礼を受けたことは、両親から与えられたもっともすばらしい遺産でした。普通、親は彼らの愛の深みを子供たちに伝えるためにさまざまな手段を用います。しかし、そのなかでも、信仰をとおして愛を伝えるというのは、よくある手段です。

インドネシアでは、このように親の信仰は子供に愛の遺産として伝えられています。ここで子どもの信仰教育に対する親の責任も示されています。しかし、子どもに対する信仰の伝達が家庭の伝統として行われ、親の義務感を満たすために実践されるようになると、愛の遺産として信仰を伝達するという意義を、子供に伝えられなくなってしまいます。これはインドネシアにある子どもの信仰教育の問題だと思います。ともすると、親から子に代々伝えられてきた信仰が、親の愛の深みを伝えるための証しにならず、家庭のなかで、その家庭のアイデンティティを保つための手段となってしまいます。その結果、カトリックの家庭では、たまに子どもに洗礼を授けない親たちが出現するようになりました。彼らは子どもに無理に洗礼を授けるというよりも、子どもが自力で宗教を選ぶことのほうがよりよいことだと思っているからです。このような親は、結局、子供が一八歳になるまで待って、親はそのときに子供に信仰を選択させます。これは最近実際により盛んになっている現象です。伝統的な信仰の伝達よりも、子どもに宗教的自由を教えた方が価値のあることだと考えられるようになりました。

どちらがよりよいことなのでしょうか？　子供に宗教的自由を与えるか、それとも、宗教による愛への導きを意識させることか？　考えてみると、両方は実は繋がっているということがわかります。問題の根本はどこにあるのかと言いますと、親が子どもの信仰教育のなかで、神への愛と両親の間の愛がつながっているということを、子どもに意識させないことにあります。両親の間の愛が神への愛（つなわち、信仰）から由来するという意識よりも、子どもの信仰教育のなかで、親は宗教の掟を強調しすぎてしまいます。

これで、子供の宗教的な自由が問題になってきます。親の愛と神への愛が一致しているということを子供に教えるのは確かに難しいことです。夫婦喧嘩ばかりを子供に見せるのは神への愛の証しとは言えません。また、言葉と行いの一致を証明してくれない親は、子どもにとって神への信仰のしるしにはなれません。両親はこの現実に直面すると、結局、宗教の掟の裏に自分を隠し、子どもに宗教の掟を通してのみ信仰の教育を行ってしまいます。その結果、上述のように、親が子どもに宗教を無理に教えることとして、この問題は理解されてしまい、子どもの宗教的自由の問題が問われてしまうことになります。

ふさわしい信仰教育の代わりに、子どもに宗教的自由を与えるという理由で一八歳まで待って、子どもに選択させるということは無責任なことだと思います。親は自然にさまざまな家庭問題と直面しても、子どもの前で二人の愛を保ち続けることができれば、子どもも自然に親の愛と神への愛について学べます。しかし、親は家庭問題と直面するときに信仰のない親として振る舞ったら、子供も疑問を感じてしまいます。「親がよく教えてくれたあの宗教の理想的な掟を、親は実際に実践しているのか」と子どもは疑問を持つようになるでしょう。

ここで、上述したインドネシアにおける宗教問題の根本があるではないでしょうか。宗教教育は必ずしも信仰教育になるとは限りません。宗教教育は宗教団体の教育のみならず、信仰教育の支えになるまで行われるべきです。つまり、神の愛の深さや幅広い側面についての意識が育成されなければ、宗教教育は人の信仰の灯火を逆に消してしまいます。信仰教育が行われるしるしは信仰者の開かれているこころです。信仰者の心が神の愛の神秘性と出会おうという意志の方向に導かれたら、信仰教育が順調に行われていると言えるでしょう。

ここで、家庭における信仰教育の重要性が見えてきます。学校での信仰教育は宗教的な知識の教育に限られています。もちろん、その知識を実践的に鍛錬できるかもしれません。しかし、そのような信仰教育は成績の達成のために行われるため、どこまで効果があるのか疑問があります。上述にある私の経験では、家庭における信仰教育の方が、自然に神の愛への導きとしての教育を可能にします。これに対して、さまざまな挑戦があるかもしれません、しかし、宗教教育と信仰教育の区別にともない、家庭における親の信仰的模範は子どもたちの神の愛への導きになります。これこそ信仰教育の根本的なあり方です。

「外国につながる子どもたち」を支えるために

――日本型クリストレイ・スクールの可能性を求めて――

山内　保憲

はじめに

Yくんは学習支援教室で出会った少年だ。真面目そうで、はにかむ笑顔が素敵な中学校二年生の男の子だ。お母さんがフィリピン人である。Yくんは日本語をうまく話すことができない。ひらがなも自由に書けない。無理もない。一〇歳までは、フィリピンで過ごしており、突然小学校五年生から日本に住むようになったのだ。日本の公立小学校では、日本語のレベルに合わせて学年を合わせるということはおこなわれない。日本語を話すことができようが、できなかろうが、その年齢の学年で学ばなくてはならない。真面目な性格なので学校には通っていたという。しかし、当然のことながら授業は何もわからないままだったという。小学校の勉強がわからないまま、学齢に従って中学生になった。「何の勉強をしたい？」と日本語と英語を混ぜながら質問すると、黙って学校の教材を差し出した。数学の問題集と漢字のドリルだ。中学二年生用の教材だからＹくんには難しい。それでもその宿題を提出したいのだと言う。宿題を出せないのが恥ずかしいのだと言う。ほとんど意味もわからないまま宿題の穴埋めを二人で取り組む。その後、残ったほんの一五分ほどの時間をひらがなの練習の時間にあてた。

Ｙくんのように、学校には通っているが、授業内容を理解できないまま教室で座り続けている「外国につながる子どもたち」は多い。Ｙくんは、真面目な性格が幸いし、我慢強く学習を続けている。しかし、やる気を無くしてしまう子どもも少なくないという。いじめを受けてしまうケースも多い。やがて、将来への展望を持つことができず非行化してしまうケースも少なくないという。

輸送用機器産業の集積地域で、多くのデカセギ労働者が流入した浜松市には約九千人のブラジル人が住んでいる。浜松でおこなわれた調査では、浜松市内の定時制高校に進学した日系ブラジル人第二世代の子どもの約九〇％が学校を辞めてしまったという。ブラジル人を中心に日系南米人の若者におこなった調査によれば、全体の二〇％が日本の公立中学校を中途退学している。その原因として約七〇％が学校で差別を受けたとも答えている。外国籍であるために、学校でも「外国人扱い」を受け、学習意欲を失うというのだ。また、外国籍であるために正規での就労も難しい。そのため、多くの若者は派遣労働者として働いている。これも学習意欲を失う原因だと考えられる。

想像して欲しい。あなたがもしもＹくんだったら。たまたま親が移住したために、あなたは幼くして外国にやってきた。まったく言葉がわからない外国だ。特別な支援もないまま、わけのわからない言葉で説明される授業を受け続ける。経済的な理由で、日本語学校などに通うこともできない。自分の周りの大人たちも、その国での教育を受けた経験がない。だから、あなたが学校で抱えている悩みを理解してくれる大人は周りにいない。あなたはどんな気持ちになるだろう？

近年のイエズス会ではグローバリゼーション、移民や難民の問題、「最も困っている人々との連帯」といった課題がしばしば取り上げられるようになった。私は中等教育使徒職の現場で働いていたが、教育の現場にいる立場からどのように「最も困っている人々との連帯」を考えていけば良いのか、という疑問は私の中での課題であった。イエズス会の中高等学校だけではなく、全国にあるカトリック学校は、特に戦後の日本において重要な役割を果たしてきた。戦後の公教育がまだ不十分な時代に、カトリック学校はキリスト教的精神を広く伝えると同時に、日本の教育を支えてきた。しかし、現代において、まだ公教育で十分な教育を受けることができないような子どもがいるのならば、我々は率先して、そのような子どもたちのために働かなくてはならないだろう。ちょうど、一九九〇年の入国管理法の変更や、急速に進むグローバル化の影響を受けて、日本語支援を必要とする「外国につながる子ども」たちの問題をしばしば耳にするようになった。二〇一六年五月の統計では全国の公立小中高校におよそ四万四千人の勉学の継続や進学が難しい子どもたちがいることもわかってきたが、問題は年を追うごとに大きくなってきている。これらの理由から、私は「外国につながる子ども」たちの教育支援に関心を持つようになったのである。

　しかしながら、私はほとんど「外国につながる子どもたち」と接点がなかった。そこで、学習支援教室などに関わることなどから少しずつ問題に触れていったのである。そうすると、Ｙくんのような子どもと実際に出会うことになった。適切な教育の機会があれば可能性を豊かに広げるであろうＹくんのような若者と出会うと、「グローバリゼーション」とか「移民」などの大きな問題に取り組む、というよりも、ただＹくんのような若者が、楽しく学校に通い、楽しく学習することができるようにしたいと切に願うようになったのだ。

　もちろん、Ｙくんのような子どもを支援することは、思ったほど簡単な「道」がないことにも気付かされていった。さらに、学習支援のあり方を考える中で、アメリカで評価が高い「クリストレイ・スクール」の状況も少しずつ研究するようになったのであるが、これがすべてを解決するわけでもない。「道」の半ばを模索しながら歩いている段階だが、この文章を書く機会を与えられたので、私の考える「外国につながる子どもたち」の教育支援の課題とこれから期待できそうなアイデアを紹介したいと思う。この文章をきっかけに少しでも多くの人々と繋がり、新たな「道」を見つけることができればと願っている。

一 日本での「外国につながる子ども」たちの教育支援の課題

「外国につながる子ども」という表現をしているのは、「移住労働者の子ども」や「国際結婚で生まれた『ダブル』の子どもたち」、「日系『デカセギ第二（三）世代』」など、国籍も日本語の能力もさまざまな「子ども」たちが含まれているためである。しかしながら、ここで支援の対象として考えているのは、さまざまな理由で公教育での学習に困難を抱え、また公教育以外の教育支援を受ける経済的な余裕のない「外国につながる子ども」たちとしたい。前述したYくんのような少年を、現在の日本で支援していく際に生じる困難をまず説明したい。

公立学校と学習支援教室の限界

Ｙくんのような若者が、学習意欲を失わずに学んでいくために何ができるだろうか。その一つに「学習支援教室」がある。

私はイエズス会や聖心会など四つの修道会が母体となっている「足立インターナショナル・アカデミー（Adachi International Academy。以下ＡＩＡと略称する）」などいくつかの学習支援教室と関わりを持つようになった。ＡＩＡは東京の足立区で「外国につながる子ども」たちの補習や日本語学習などをおこなっている学習支援教室である。このようなＮＰＯ法人や個人で運営されている、学習支援教室は全国各地に数多くある。ＡＩＡのように、独自の教室を持って毎日開校している教室もあれば、教会の一角を借りている教室、公共の施設を借りている教室、休日に使われていない大学などの学校施設を利用している教室など、その形態はさまざまだ。

ＡＩＡの場合、子どもたちがやってくるのは放課後の時間帯から夜にかけてだ。近隣の公立小学校・中学校が終業すると子どもたちがやってくる。小学校高学年や中学生の子どもは比較的、学習に対する動機がしっかりしている。しかし、低学年の子どもたちの多くは、学習支援教室での勉強になかなか集中できない。無理もない。一日中、学校の教室で「よくわからないまま」座り続けているのだ。放課後に解放されると、どうしても遊びたくなってしまうという。このような話はＡＩＡに限らず、多くの支援教室でよく聞く。放課後だけや週末だけの補習授業では学習時間が足りず、なかなか学習支援に結びついていないという。Ｙくんのような中学生の場合はさらに深刻である。このまま中学課程の学習内容を理解できないまま進めば、高校受験は難しい。平日の昼間におこなわれる学校での学習時間を、日本語のレベルに合わせたカリキュラムで学ぶことができれば多くの子供たちは救われる。しかし、現実には十分なサポートを受けることは難しい。

　公立の小中学校は地方自治体によって日本語支援のレベルが異なる。かなり手厚い日本語支援をしている地域もあるが、年間でわずか数時間だけ日本語の補習があるというだけの地域も多い。たまに、「ヒーロー」のような先生との出会いがあったという体験談を耳にする。校長室で、つきっきりで勉強を教えてくれた校長先生によって大学進学にまで繋がったという体験談などだ。しかし、ただでさえ多忙な学校教員に、その校長先生のような「ヒーロー」になれ、と強いるのは無理があるだろう。訪問した横浜の南吉田小学校では、約三〇％の児童が外国籍であり、日本語での学習に困難を感じているという。そのような学校では、教員がすべてに対応することは不可能だ。各小中学校の日本語支援を充実させるには、国政レベルでの変革を待たねばならない。

個人的な学習支援塾の中には、学校を休ませて塾に通わせるところもあると聞く。日本語などの支援が必要だが高校に進学したいという子どものために、公立中学校は休ませて、平日の昼間から塾での学習指導をするという。日本語のレベルに合わせて、日本語の補習から始まり、公立高校に進学できる学習指導をするのだそうだ。確かに、思い切って学校を休ませれば、効率よく学習することができる。しかし、よく考えれば、どうして「外国につながる子ども」たちだけが学校を休み、塾に通わなければ進学することができないのだろうか。また、これらの学習塾は有償である。すべての子どもの家庭に有償の塾に通う余裕はない。普通に学校に通い、普通に学ぶことがどうしてできないのだろうか。教育の機会は平等に与えられるべきだ。

放課後や週末だけ、もしくは学校を休ませての学習支援は、確かに子どもたちにとって助けになっている。しかし、これらの教室は「応急処置」に過ぎないとも感じる。学習支援教室という形だけでは「外国につながる子ども」たちの教育問題を根本的には解決していない。

夜間中学校の可能性と矛盾

夜間中学校とは、戦後の混乱期の中でさまざまな事情により義務教育未修了のまま学齢を超過した者に対する教育機会提供の場である。平たく言えば、「学校に行けなかったおじいちゃん、おばあちゃんのための学校」であった。しかし今、夜間中学校は「外国につながる子ども」たちの学びの場として重要な役割を持つようになっている。

「外国につながる子ども」たちの教育支援について考える中で、足立区立第四中学校夜間学級を訪問する機会に恵まれた。訪問して驚いたのは、多くの若者が学んでいるということだった。高齢者もまだ若干名学んでいるが、大多数は日本において義務教育を修了してない外国籍の者、また、不登校などさまざまな事情から中学課程を修了できなかった若者たちである。

クラスは一組から六組（必要に応じて七組まで）までの日本語学級、そしてＡ組からＤ組までの、日本語でおこなわれる中学課程の学習コース（一般学級）の一〇教室に分かれておこなわれている。一般学級のＡ～Ｄ組は通常の九教科の学習をするが、Ａ、Ｂ組は、国語の時間がＣ、Ｄ組より週二時間多い。Ｃ、Ｄ組は英語、数学が一時間ずつ多く、高校進学を目指す者のためのクラスとなっている。

Ａ～Ｄ組の、どのクラスにも一年生から三年生までが混在している。「学年」に従った学習ということにはとらわれていない。文部科学省も特別の教育課程を認めており、学習者の学力やニーズに応じた学習を行っている。日本語力に従ったクラス編成であり、数学は大変よくできるがＡ組に在籍する生徒もいる。逆に、極端に日本語がわからなくても、英語の授業時には、上級の英語のクラスに入る者もいる。とにかく、それぞれの学力にあった、クラスで学ぶことができる編成となっている。実に手厚い日本語支援、学習支援である。夜間中学校で指導されてきた先生たちの発想の自由さと熱意の賜物であろう。各クラスは五〜六名である。公立中学校であるので、授業料はない。そして、若い卒業生の多くは定時制の高校へ進学するという。

日本では学齢を過ぎてしまうと、全日制の中学校で学ぶことはできない。そこで、学齢を過ぎており、日本の中学校を卒業していない若者にとって、中学課程の卒業資格を得るための唯一の手段が夜間中学校である。彼らにとって、夜間中学校は最後の学習機会提供の場となっている。

しかしながら、先述したYくんのようなケースの場合、夜間中学で学ぶことも難しい。不登校など特別な理由がないまま全日制の中学校を一旦卒業してしまうと、全日制の中学校でも夜間中学校でも学び直すことはできない。このまま高校に仮に進学ができたとしても、日本語も中学課程の学習も不十分なままでは高校での学習が困難になり、退学してしまうケースが多いという。

Yくんのように、現在の公教育ではカバーできない「すき間」にはまってしまっている子どもが多い。夜間中学校の役割も大切であるが、それだけでは「外国につながる子ども」たちの教育問題を解決することができていない。夜間中学校のような柔軟なカリキュラムで、どのような日本語のレベルの子も学ぶことができる全日制の学校があれば「すき間」にいる子どもたちにも学習機会を与えることができるのではないだろうか。

二 アメリカの「クリストレイ・スクール」での実践例

「外国につながる子ども」の教育支援を考えていくと、学習支援教室や夜間中学校だけでは限界があることがわかってきた。「外国につながる子ども」を支援していくためには、どう考えても、彼らの学びのために特化された全日制の学校が理想である。そのようなことを考えている中で、アメリカのイエズス会司祭が始めた「クリストレイ・スクール」のことをしばしば耳にするようになった。この新しいムーブメントについて紹介したい。結論から書けば、「クリストレイ・スクール」を、日本での「外国につながる子ども」たちの教育支援のためにそのまま応用することは難しい。アメリカのシステムに合った形で発展してきたために、日本の教育・経済のシステムの中では、「クリストレイ・スクール」そのものを設立することはできないのだ。しかし、「クリストレイ・スクール」の歩み、またその教育の工夫は、日本での新しい「学校」を作っていくイメージを与えてくれる。

「クリストレイ・スクール」のはじまり

「クリストレイ・スクール」は、一九九六年にシカゴのピルスン地区で設立されたCristo Rey Jesuit High Schoolから始まる。このCristo Rey Jesuit High Schoolのユニークな取り組みが評価され、この学校をモデルとした「クリストレイ・スクール」が全米に三七校（二〇二〇年段階）にまで広がっているのである。

シカゴのピルスン地区はシカゴ郊外の工場地帯だ。もともとは、スロヴァニアからの移民が多い地域であった。やがて彼らは豊かになり、ピルスン地区を離れていった。その空いた場所に、ヒスパニック系の移民が流入した。彼らはこの地域の工場で働く労働者である。

もともとこの地域には、スロヴァニアの移民ための教会があり、その教会附属のスロヴァニア移民の子どものための学校もあった。しかし、教会と学校は増えるヒスパニック系移民に対応できず閉鎖した。住民のほとんどがカトリック信徒であるにも関わらず、教会がうまく関わることができない状況を改善するために、シカゴ大司教は、イエズス会に協力を求めた。そこで、イエズス会はジム・ガートランド神父をピルスン地区に派遣した。ガートランド神父はピルスン地区を歩き回り、聞き込みをしたのである。その結果、ヒスパニック系の移民たちが最も必要としているのは、子どもたちの教育であることがわかったという。学費が無料の公立高校はあるが、教育の質には問題があり、退学する生徒が多い。ほとんどの子どもが大学には進学できないが、親と同じ労働者になるのも嫌だ。そんな子どもたちの中には、ギャング団に入るなど非行に走るケースも多くなってしまったという。親の世代もアメリカでの教育を受けていないので、進学させるためにどうすればいいのかもわからない状態であった。

このような状況を踏まえ、閉鎖された教会と学校を再利用する形で学校を設立することが計画されたのだ。しかし、最大の問題は「学費」であった。Cristo Rey Jesuit High School のすぐ近くにあるシカゴの伝統的なイエズス会学校、Saint Ignatius College prep の学費は年間一万九千ドルである。加えて、最低でも二千ドルの寄付などが求められている。現在のクリストレイ・スクールに通う生徒の家庭の年収の中央値は一万九千七五二ドルであるから、一年間の学費と家庭の収入がほぼ同額である。当然、ピルスン地区の労働者の家庭は、このような学費を負担することはできない。アメリカには莫大な寄付による基金だけで運営されている私立学校もある。しかし、経済の状況も良くない一九九〇年代にそのような寄付を見込むことも難しかった。

学費を捻出するための苦肉の策が、今ではクリストレイ・スクールの代名詞ともなっているCorporate Work Study Program（以下、「ワーク・プログラム」と表現する）である。ワーク・プログラムというのは、生徒が、企業で一週間に一日働くことで学費を補うプログラムだ。四名の生徒がチームを作り、一週間に一日企業で働き、その給与を学費に充てる。アメリカの高校は四年制であるので、月曜日は一年生、火曜日は二年生、水曜日は三年生、木曜日は四年生、金曜日は一～四年生の誰かが四週間に一度働くのだ。企業の側からすると、一週間を通して一人分の労働者が企業で働き、一人分の賃金を学校に支払うという形になる。

しかも、このワーク・プログラムに協力したのは、前述した学費の高い伝統校の Saint Ignatius College prep などイエズス会学校の卒業生が多かった。彼らは Cristo Rey Jesuit High School の生徒を、工場労働者などのブルーカラーとして雇うのではなく、いわゆるホワイトカラーの社員として雇用したのである。このことが、ワーク・プログラムを単なる学費捻出のためのプログラムだけではなく、クリストレイ・スクールの教育にとって大切な教育プログラムへと発展させたのである。

ワーク・プログラムの前には必ず入念なガイダンスや、準備教育がおこなわれる。仕事の前には服装チェックもおこなう。ピルスン地区の彼らの周りにはいない「大学を卒業した社員」と共に働く中で、アメリカ社会の中でホワイトカラーとして働くためには何が必要かを学ぶことができるのである。こうしたことが大学進学への動機付けとなり、学習に対する意欲を高めることができたのだ。また、本来の目的である、学校運営に必要な収入面でも、全体の七〇%をカバーするまでに機能するようになったのだ。このワーク・プログラムというアイデアによって、新しい学校は始まったのだ。

ワーク・プログラム以外にも、Cristo Rey Jesuit High School には独自の工夫が見られる。地域や生徒のニーズに応える形で教育内容が次第に形作られていったという。例えば、生徒のほぼ一〇〇%がヒスパニック系の生徒であるが、子供たちは英語がよくできるようになると、親の世代と断絶してしまうことが問題になってきたという。そこで、英語の教育と同時にスペイン語の教育もスタートしたのだという。

また、子供たちはピルスン地区で大学を卒業した人と出会うことがない。当然、「大学」とはどこか別の世界の、自分たちとは関係のないものだと思い込んでしまう。そこで学校のいたるところに、さまざまな大学の「旗」を掲示するなど、「大学」というものを近くに感じさせる工夫を始めたという。さらに、家庭内暴力など生活面での問題を抱えている生徒も多くいる。そのために、教員以外に、アカデミックな分野のサポート、心理的な分野のサポート、家族との連絡など生活面のサポートなど、さまざまなカウンセラーに働いてもらうようにしたという。

クリストレイ教育の理念を保つための工夫もされている。ニューヨークにある有名な超名門校にレジス高校がある。さまざまな分野に優れた卒業生を輩出しているイエズス会の高校だ。最近では、アメリカ国立アレルギー・感染症研究所所長のアンソニー・ファウチが、ホワイトハウスのコロナウイルス・タスクフォースの主要メンバーとして活躍しているが、彼もレジス高校の卒業生である。実は、このレジス高校は、元々は貧しい移民の子供のために作られた学校である。ある移民の富豪が、私財を寄付して創立したのだ。今でも学費は無料である。しかし、皮肉なことに、現在のこの学校の生徒はほぼ全員が裕福な家庭から来ているという。あまりにも名門校になったため、この学校の試験に合格できるのは、十分な学習機会のある裕福な家庭の子供だけなのだという。実は、シカゴのクリストレイ・スクールも創立されて二〇年以上経ち、少し変化が見られるという。以前は、近所のピルスン地区から生徒は皆歩いて登校していたが、今の生徒は郊外の住宅地から親が車で送ってくるようになってきたという。クリストレイ・スクールが名門校化してしまい、本来の設立意図が失われることを避けるため、クリストレイ・スクールでは家庭の収入を調査し、一定の収入以下の子供たちだけを入学させるように努力している。

ガートランド神父によれば、これらの工夫は、最初から計画したものでも、どこかにあった教育システムを持ってきたわけでもないという。あくまでも、地域や生徒一人ひとりのニーズに応えていく中で「形」が見えてきたのだという。

「クリストレイ・スクール」の発展

シカゴのCristo Rey Jesuit High Schoolのモデルはたちまち評判になった。前述したように、この学校をモデルとしたクリストレイ・スクールが全米に三七校（二〇二〇年）にまで広がっている。全米で一万二千人が学ぶ「学校群」にまで発展しつつあるのだ。九八％の生徒は有色人種で、家族の平均収入は三万七千ドルである。しかし、九〇％の生徒が大学に入学している。これは、高収入世帯の生徒の平均大学入学率八六％よりも高いという。また、そのうちの三五％が大学を卒業しているが、これは低収入世帯の学生の平均卒業率一六％の二倍以上の成果をあげている。こうした発展の理由をいくつか説明しておきたい。

まず、一つは「クリストレイ・ネットワーク・オフィス」の存在である。初代理事長であったジョン・フォーレイ神父は、このモデルをイエズス会やシカゴ管区だけのプロジェクトにとどめるのではなく、広く一般的なカトリック校のモデルとして活用してもらえるように工夫をした。シカゴのダウンタウンに約二〇名のスタッフが働く「クリストレイ・ネットワーク・オフィス」を構えたのだ。クリストレイ・ネットワーク・オフィスは、イエズス会の他の管区やイエズス会以外のカトリック学校が新たなクリストレイ・スクールを設立したいと希望した時のサポートをしている。新たなクリストレイ・スクールの設立の可能性を調査し、設立や運営に関しての助言、教育方法と内容がクリストレイ・スクールと合致しているかの評価を専門としている。弁護士などの専門家もスタッフとして働いており、徹底した事前調査などをおこなっている。このオフィスのサポートによって、現在もさらに数校が開校準備をおこなっているという。

次に、ワーク・プログラムがクリストレイ側だけではなく、企業側にも評価されるようになったということである。クリストレイ教育に参加したいという学校だけでなく、企業も積極的にクリストレイ・スクールと関わるようになってきているというのだ。

Christo Rey San Jose Jesuit High School（サンノゼ、シリコンバレー）を訪問した際には、ワーク・プログラムのスーパーバイザーとの面談の機会を得た。スーパーバイザーとは、ワーク・プログラムで働いている生徒の指導、監督をする企業側の協力者である。彼らは生徒が仕事場に来なかった時やトラブルが起これば学校のワーク・プログラム担当のスタッフに連絡を取る。また、生徒の働きぶりについての評価や報告も担当している。ヒューレット・パッカード社のスーパーバイザーは、ワーク・プログラムが企業側にも大きな影響を与えていることを説明してくださった。単に、企業の社会貢献として重要なのではないという。例えば、ヒューレット・パッカード社の全従業員の中でアフリカ系・ヒスパニック系の従業員は七％しかいないという。だからこそ、ワーク・プログラムで生徒が企業で働いてくれること自体が企業に「多様性」を与えてくれているという。ティーン・エイジャーで、ヒスパニック系の生徒のアイデアは、実際に企業にとって貴重な意見として採用されているそうである。年度末には、クリストレイの生徒がプレゼンテーションをおこなうが、社のＣＥＯ自らがそのプレゼンテーションに出席するそうである。もちろん生徒にとっても、高校生が大企業のＣＥＯに直接プレゼンテーションをするなんてことは信じられないような機会であり、早い段階から社会を知ることができるのは大きなアドバンテージである。社内には、クリストレイの生徒を「会社の子どもたち」として育てていくという意識が芽生え、それは社員のモチベーションを高めているという。

　また、Cristo Rey Jesuit High School（シカゴ）ではワーク・プログラムのスーパーバイザーと学校の教員が合同研修会をおこなっている。Cristo Rey Jesuit High School の教員も若い人が多いが、スーパーバイザーたちもとても若い。彼らは活発に意見を交換し合いながら、ワーク・プログラムをより良いプログラムにするために一学期に一回は集まっているという。企業と学校の協力という「新しい文化」が生まれているのだ。

　第三に、教育面でもクリストレイ・スクールは独自の工夫を通して成果を見せている。英語の理解度なども揃っていない生徒たちが、四年間の間に九〇％の生徒が大学進学する学力を身に着けることができるのは、ワーク・プログラムによる動機付けだけが原因ではない。クリストレイ・スクールでは、創立された早い段階から積極的にテクノロジーを教育に導入してきた。一般的な学校がまだ黒板やホワイトボードを使った授業をしていた頃から「スマート・ボード」（ホワイト・ボードとパワーポイントが一体となったシステム）を導入するなど、わかりやすい授業をおこなう工夫を重ねてきている。

前述したシリコンバレーのクリストレイ・スクールでは、入学時の生徒の学力のレベルに大きな開きがあるため、特に一～二年目はIndividualized Leaning（個別学習）に力を入れているという。例えば、英語の授業は、あるソフトを使用し、同じ内容の文章を、その生徒の単語力のレベルに合わせた表示に変えて学習させている。このソフトを使うことによって、単語力に差のある生徒たちが、一つのクラスで同じテーマについて書かれている記事を読み、ディスカッションすることができるという。また、ほとんどの教科で、生徒の学力レベルごとにグループを作り、与えられているノートパソコンを使用し、それぞれの学力にあった教材を使って個別学習をしている。もちろんクラス全体でのレクチャーもあるが、多くの時間は個別もしくは同じ学力レベルのグループ学習が可能となっている。

さらに、すべての教員は生徒の個人成績にコンピューターからアクセスすることができる。ワーク・プログラムのスーパーバイザーからの評価などもコンピューターで管理している。だから、さまざまな立場の教員やスタッフ（カウンセラーやワーク・プログラムのスタッフ）が個別の生徒の学習面、生活面の問題についての情報共有が可能になっている。

教員は生徒一人ひとりの学習に細かい指導をしているが、その時間を作るためにさまざまなテクノロジーでサポートしている。例えば、生徒のレポートを添削する時、個別にコメントを書くと時間がかかる。そこで、シリコンバレーのクリストレイ・スクールでは、教員が添削している画面と教員の声を動画にアップし、生徒は動画と先生の声を聴きながら添削の結果を学ぶことができるシステムなども導入している。

こうしたテクノロジーによる個別学習や情報共有システムを開校前から調査、開発した担当者は、さまざまな学校や企業を訪問したそうだ。彼によれば、カトリック学校はあまり参考にならなかったという。「学力に開きのある生徒たちの学習指導」というニーズのために、最も適切な指導方法を、クリストレイ・スクールやカトリック学校の外から学んでいく。もちろん、ワーク・プログラムによって企業のスーパーバイザーたちとも絶えず交流があるために、クリストレイ・スクールはいつも目的のために必要なテクノロジーに開かれている。

また、クリストレイ・スクールからさらに発展して、新たな動きも出てきているという。シカゴのアルペ・カレッジは日本で言うところの「短大」にあたる学校である。シカゴの名門大学、Loyola University Chicago のオフィス棟だった建物をそのまま利用して、小規模な短大として二〇一五年に創立された。アルペ・カレッジの教育目標は明確で、低所得者層の生徒が大学を卒業できるようにサポートすることである。アメリカで低所得者層の生徒が大学に進学した場合、大学を卒業する率が極めて低い。アフリカ系アメリカ人の男子の場合、八％しか卒業できない。公立高校から大学に進学した場合、環境の違いについていくことができなくなる生徒が多いのが原因だそうだ。そこで、アルペ・カレッジは、低所得者層の生徒で、成績も中レベルだが大学進学を希望する生徒を対象に、大学を卒業するために必要な学力を安価な学費で学ぶことを目標として設立された。生徒は、午前の部と午後の部のコースに分かれている。午前か午後の空いている時間は、それぞれアルバイトをするなど自由に時間を使っている。六〇％ラテン系、三〇％アフリカ系、残りがアジア系・白人のアメリカ人が生徒である。学校は朝食や昼食も無料で提供している。学費は年間二千ドルだけで、一般の大学と比べると、格安で学ぶことができる。徹底した少人数教育と個人指導で、大学で学ぶだけの力をつけさせているという。このように、クリストレイ・スクールに限らず、ニーズに応える教育のあり方は、さまざまな可能性を考えることができるのである。

三、今後に向けて――ＵＡＰ（「イエズス会使徒職全体の方向づけ」）との関わり

二〇一九年の二月にイエズス会総長は「イエズス会使徒職全体方向づけ」という手紙を全世界のイエズス会員に送った。この手紙で、イエズス会が進んでいくべき四つの「方向」が

示された。それは、「霊操及び識別を通して神への道を示すこと」、「和解と正義のミッションにおいて、貧しい人々、世界から排除された人々、人間としての尊厳が侵害された人々とともに歩むこと」、「希望に満ちた未来の創造において若い人々とともに歩むこと」、「『ともに暮らす家』（地球）への配慮と世話を協働して行うこと」である。この方向に向けて、イエズス会員とすべてのイエズス会の使徒職は、自分たちが何をできるかを識別するように呼び掛けられているのだ。しかし、総長は、これらの「方向づけ」をあたかも「To-Do リスト」のようにとらえてはいけないと注意をうながしている。大切なのは、この方向に向かって、同じ方向を向かっている人々と「協働」し、徹底的に「会話」をおこない、共に神の望みを「識別」していくプロセスこそが大切だと強調している。

この「方向づけ」を示していくというアイデアは、三六総会（イエズス会では新しい総長を選出する際に、全世界から会員の代表を集め、総会を開く）中に起こった不思議な体験からだという。三六総会の会期中に、ローマ教皇フランシスコが総会を訪問し、メッセージを伝えた。その後から、総会の中で「ベネチアの初代イエズス会員たち」のイメージがしばしば語られるようになったのだという。イエズス会創立直後の会員たちは、聖地に渡り、イエス・キリストのように生き、奉仕するということを夢見ていた。しかし、ベネチアで聖地に渡る船を待つうちに、戦争が始まってしまい、聖地へ行くという夢は閉ざされた。そこから、初代のイエズス会員たちは、共に生活し、共に祈る中で、自分たちのミッションについて識別をした。結果として、ローマに行き、ローマ教皇に仕えるという、現代のイエズス会に通じるミッションを見出していくことができた。先行きが見えない時代だからこそ、もう一度、仲間たちが集まり、共に祈り、自分たちに与えられているミッションを識別するというイエズス会の原点に立ち返ろうという意見が、総会に参加する会員たちの間で一致した意見になったのだという。

クリストレイ・スクールがなぜ今、アメリカで発展しているのか。そして、この学校から何を学ぶことができるのか。それは、このUAPの考え方に答えがあるのではないかと思う。クリストレイ・スクールは、イエズス会会員だけが作ったのではないということだ。教育機会に恵まれないヒスパニック系の子どもの声や、ピルスン地区で子供がギャング団に入ってしまった移民の母親の嘆き、クリストレイ教育に協力してくれる企業のアイデアがまったく新しい学校のスタイルを作り上げていったのである。まさに、「会話」と「協働」、そして「識別」を重ねたことで、多くの人々のニーズに応える学校へと発展したのだ。

新型コロナウイルスの問題が起こった後も、外国人労働者や技能実習生たちが窮地に追い込まれたことがニュースになった。一五〇〇万人を超える外国人労働者に経済を支えてもらっているという現実があるにも関わらず、日本の社会から排除されている希望に満ちた若者が大勢いることもわかってきた。日本において、「日本型クリストレイ・スクール」を作ることができるとするならば、それは、徹底して当事者である若者たちの声に耳を傾け、同じ方向に向かっているさまざまな人々との協働によって実現するのではないかと考えている。どんな学校になるのかは、まだまだわからない。ただ、Ｙくんのような若者と共に歩み、彼らが将来に希望を持つことができるような教育という目的地だけが、はっきりしているのである。地図のない「道」を歩むような冒険ではあるが、本当に自由な心で神の望みを識別することを望むならば、必ず正しい「道」に導かれていくと信じている。

私の文学の道

大輪　靖宏

はじめに

与えられたテーマは「道」である。これはたいへんなことで、とうてい私ごときのなし得ることではない。孔子も「朝聞道《あしたにみちをきかば》、夕死可矣《ゆうべにしすともかなり》」（論語）と言っているごとく命以上に大切なものなのである。イエス、釈迦、ソクラテス、孔子などが道を説いた言葉は何千年もの時を超えて、今日でも人々を導いている。

ただ、今回の試みはそんなに大仰なことではないらしい。与えられた執筆要項によれば、それぞれの人間が辿った道を「随筆風的論考」として示せば良いとのことである。それならば少し気が楽になった。そうしたことが他の人にどれほど役に立つかわからぬが、私も八十四年の人生を過ごしてきたので、その道を語ってみよう。その中には多少は生きる上で参考となる事柄も含まれるかも知れない。

私の辿ってきた道を示すことによって、そのほんのわずかな部分でも人の役に立つことがあれば、私の人生そのものも無駄ではなかったということになる。

一　小説と私

私は長期間、上智大学において国文学を講じ、現在は名誉教授である。つまり、一生を文学とともに過ごしたのだが、思い返してみると、それは幸せなことであったと思う。文学というのはいちばん人間を感じさせるもので、文学に接し続けるというのは、人間に触れ続けるということになるからだ。

私がなぜ文学に耽溺したかというと、高校時代に小説を読みふけったということが始まりだと思う。それまでの私は読書は嫌いではなかったが、それほど夢中でもなく、高校では理科系進学コースに身を置いていた。ところが二年生か三年生になったころ、知的な飢えを感じたのだろうか、友人とやたらに人生論を戦わし、小説を次々と読むようになった。もちろんその当時の人生論などは稚拙なものだし、読むものもたまたま家にあるとか、友人が貸してくれたとかのくだらないものが多かった。しかし、当時、それはとても楽しいことだったのである。そうしたときに英語の時間にヘミングウェイの『老人と海』の話に接した。問題集にその一節があったのか、英語の老教師が読んだばかりの体験を話してくれたのか、覚えていないが、印象的だったのは、そのストーリーを話してくれた老教師が、嘆息するように「まあ、人生ってこんなもんだよ」と言ったことだった。『老人と海』は単純なストーリーだ。老漁夫が何日もかかって巨大なカジキを仕留めたが、大きすぎて船には乗せられないので、船の横にくくりつけて港に帰る途中、鮫の群れに襲われ、ようやく漁港に着いたときは、獲物のカジキは骨だけになっていたという話だ。

私はそれまで小説を読み耽っていたとは言っても、筋の面白さだけを追っていたに過ぎないので、この作品も筋だけを聞いているときはつまらない話だと思っていた。しかし、「人生ってこんなものだ」という老教師の言葉を聞いたとき、文学の読み方の一面に触れた気がした。なるほどカジキが獲れるか獲れないかは問題ではなく、そこから人生を感じ取ることが大切なのだ。人生には徒労ということがしばしば起こるだろう。そして、何かを成し遂げたという満足感もあるだろう。そう考えたとき、老漁夫の気持に共感することができた。文学とは人生を示しているものなのだということが少しわかってきたのだ。

その後、大学は文学部に進んだが、相変らず小説を読むのが好きで、授業をサボるくらいだったから、一年から二年へ進むときは危うく留年するところだった。

その頃は、学生の身で、思うように本が買えなかったから、もっぱら大学の図書館を利用した。ドストエフスキーに挑戦したときは全集を『罪と罰』『白痴』『悪霊』『未成年』『カラマーゾフの兄弟』と読み進み、帰りに読んだところへ紙を挟んでおいて、翌日、学校へ着くなり図書館に入り、それを借り出して、また続きを読むという状態だった。トルストイでは『戦争と平和』『アンナ・カレーニナ』『復活』を読み、ロマン・ロランの『ジャン・クリストフ』も時間がかかったが読み通した。サルトルの『嘔吐』、カミュの『異邦人』も当時話題だったから、もちろん読んだ。ともかく、その頃は、世界の名作を全部読もうというような勢いだった。

『異邦人』はよくわからなかったのだが、その頃、実存主義哲学に詳しい務台理作教授の哲学の講義を聴いていて、ヒントらしいものを得た。

務台教授は言う。人間存在を失わせるものは四つある。一つは死。二つめは発狂。三つめは孤独。四つめは偶然である。

このうち、死は簡単にわかる。発狂は、相手も自分を認識せず、自分も相手を認識できないから、人間存在は失われているのだろう。孤独は、その完全なるものは他と己との交流が途絶えているから、人間存在として認識されないのだろう。偶然は、これがよくわからない。

しかし、今読んだばかりの『異邦人』と重ね合わせてみると、ムルソーの破滅は偶然の積み重なりではないかという気がした。人間にはこのような怖ろしい偶然が待ち受けているのだ、そういう気がした。

当時、『異邦人』論争が起こったりして、この小説の読み方もさまざまな意見が出たので、私の理解は正しいかどうかわからない。ただ、私はこの考えで納得した。

二　秋成文学と私

私の進学した慶應義塾大学文学部は、一年から二年になるときに専攻が決まる。ところが、一年生の大部分を図書館で過ごした私は語学の出席日数が足らず、英語はともかくフランス語は惨憺たる成績であった。これでは英文専攻も仏文専攻も入れてくれない。結局、私は国文専攻へ進んだ。

国文科生となっても、相変わらずグレアム・グリーンやアンドレ・ジイドやアーネスト・ヘミングウェイなどを読みふけったが、日本の作家もずいぶん読んだ。全集で読んだのは、夏目漱石、森鷗外、谷崎潤一郎、志賀直哉、芥川龍之介、川端康成、太宰治などであったから、卒業論文もこのあたりから選びたかった。しかし、当時の国文科は近現代文学の卒業論文を認めなかった。教授連は、近代文学なんて研究の対象ではない、あんなものは便所の中で読むものだと言っていた。

そこで、私はもっとも近代的感覚で読めるものという理由で上田秋成を研究対象に選んだ。上田秋成の活躍した時代は享保の改革の後で、現実社会を描けない状態になっていた。しかし、その中でも秋成は何とか現実を描こうと努力したのである。

上田秋成の源氏物語評論書である「ぬば玉の巻」には、物語文学を定義して次のように言う。

> そも物語とは何ばかりの物とか思ふ。もろこしのかしこにもかゝるたぐひは、ひたすらそらごと《寓言》をもてつとめとし、専ら其実なしと雖も、必ずよ作者の思ひ寄する所、あるは世の様のあだめくを悲しび、あるは国の費えを歎くも、時の勢のおすべからぬを思ひ、位高き人の悪みを恐れて、古の事にとりなし、今のうつつを打ちかすめつゝ、朧気に書きいでたる物なりけり。

ここで、秋成は、物語を「そらごと」（架空のもの）と言いつつ、その「そらごと」に「寓言」と振り漢字をしている。つまり、空言ではあるがそこに託された作者の意図があるのだ。実際に起こったことではない話とは言え、「必ずよ作者の思ひ寄する所」があるのであって、世の中に対する批判がある。しかし、江戸時代は言論の自由などというものと縁のない言論統制の厳しい時代であったから、作者の込めたい意図をそのままに書くわけにはいかない。そこで、物語の筋は昔のことに取りなして、今の現実を「打ちかすめつゝ朧気に」書くことになると、秋成は言うのである。

　この秋成の意見は、文学は現実を描くものという強い意志を根底にしている。ただ、江戸時代には為政者から罰せられた多くの文学者がいるのであって、それを避ける必要をどうしても考えざるを得ないのである。そういう、社会環境の違いはあるが、「打ちかすめつゝ朧気に」ではあっても現実に触れようとする作者の意志は現在に通じる作家精神と言えるだろう。

　実際、秋成の『雨月物語』を例にとると、九編の短編すべてが作中の時を過去にとり、幽霊や怨霊に託してストーリーを展開させているのだが、その奥には現実を描こうとする批判精神が伺える。

　たとえば、「吉備津の釜」という作品は、時を室町時代にとり、愛人に溺れた夫の度重なる裏切りのために病に伏し、ついには死んでしまった妻が、その後恐ろしい怨霊となって夫の上に襲いかかり、ついには夫を取り殺してしまうという話である。

　この話は単なる怪談とも読めるのだが、その背後には痛烈な現実批判がある。というのは、江戸時代においては、妻はどのような場合であっても夫に従うべきであって、夫が妾の所に行ったからといって妻は嫉妬心を表したりしてはならなかったのである。現実に蓄妾の習慣はあったし、妻妾同居の例もあった。しかし、妻たる者、それを甘受しなければならなかったのが当時の常識であった。そういう状況の中で、秋成は怪談に形を借りて妻の心の中の嵐を描き出して見せたのである。女はこういう状況を黙って受け入れるものと思いこんでいた男たちは、この作品を読んでギョッとしたことであろう。この作品の結末は、日本文学中もっとも恐ろしいと言われているが、恐ろしければ恐ろしいほど、そこには女の心の中の嵐、すなわち苦悩が如実に描き出されているのである。

　秋成はまた、同じ「ぬば玉の巻」において「人ひとりがうへに善きと悪しき打ちまじりたるは、今も求めんに、億兆の中多くは其人なるべし」と言っている。善人、悪人と人間を分類したがる一般的風潮の中で、人間には良い面と悪い面が共存しているとする人間観は、江戸時代以前の古典的文学には見られなかったものである。近代に通じる人間観と言えよう。そして、秋成はそういう人間観をもとにして、物語というものは「男も女も世にある人のうへを語り出でたるが、おほよそ隠るゝ隈なくあなぐり出」すものと考えている。これもまた近代に通じる小説観である。

　上田秋成は晩年に『春雨物語』を書く。これは十編からなる短編集だが、そのいちばん最後に最長の作品として「樊噲」という作品が置かれている。父を殺し、兄を殺し、友を殺して故郷を出奔した大蔵が、その後も、女を犯し、人を殺して金を奪い、富家へ盗みに入って大金を奪いというように諸国を暴れ回る話である。大蔵は、腹が減れば食い、気持の合う人には金を与え、笙が気に入れば喜春楽ばかりを吹き続ける。最後に大蔵は或る古寺の大和尚として臨終を迎え、遺偈などというのはすべて偽りだ、自分は本当のことを語って終わろうと言い、これまでのすべてを語って死ぬ。

　ここにはすべての社会的制約から自由になった精神がある。真実のみを大切とするひたむきな心がある。しかし、この『春雨物語』は出版されないままに終わった。

　こうして文学作品に密接に接触してみると、文学に触れるというのは人間に触れるということだということが実感できる。自分の人生は一度だけしか体験できないが、文学に接することによって、多くの人生を体験できる。文学に触れるというのはこのように素晴らしいことなのである。

　大学卒業後、私はいったん就職したが、やはり本の魅力から離れられず。母校の大学院に入学した。私はテレビ局に就職したのだが、そのときに活字に飢えるという切実な体験をした。当時のテレビ局はまだスタートして日が浅く、ドラマも生放送の時代で非常に忙しく、ろくに休日もないような状態であったが、その中で古代エジプトの歴史を読んだりした。なぜこんな物を読んだのか覚えていないが、多分何でも良かったのだろう。ともかく活字を読まずにはいられなかったのだ。

大学院を修了してから、私は慶應義塾大学国際センターという外国人学生への日本語教育部門で助手、専任講師を勤め、たまたま上智大学には近世文学の研究者がいなかったという幸運から、上智大学文学部国文学科の教員になった。

三　俳句と私

平成二年の三月に、私は上田秋成の研究によって博士学位を取得した。研究だから終わりはないのだが、一応の区切りがついたので、他のことへも手を伸ばしてみたくなった。こういうとき普通なら、小説を研究してきた延長として他の小説作家の研究に進むものである。江戸時代だけに限定しても秋成以前には井原西鶴というすぐれた浮世草子作家がおり、後ろには曲亭馬琴という巨大な読本作家がいる。江島其磧によって代表される八文字屋本、山東京伝によって代表される洒落本や黄表紙、十返舎一九や式亭三馬によって代表される滑稽本、為永春水によって代表される人情本など近世小説の世界は止めどなく広がっている。この中には未開拓の分野もたくさんあるのだが、面倒くさがり屋の私はそういうところへ入っては行かなかった。

そして、扱ってみたのが芭蕉の俳句である。

なぜ急に芭蕉の俳句になるのかと言えば、言葉の働きをもっと考えてみたかったのだ。小説でも言葉は大切だが、俳句の場合は短いだけに、一つ一つの言葉の存在理由が大きくなる。なぜその言葉を使ったかを考えるためには俳句を例にとるのがもっとも良いと思った。そして、俳句なら芭蕉だと考えたのである。

このように考えたきっかけは、秋成の作品論をやっているときに単語の働きにこだわったからである。

例えば、『雨月物語』の「浅茅が宿」の書き出しは「下総の国葛飾の郡真間の郷に、勝四郎といふ男ありけり」となっている。なぜ、この小説の舞台が真間の郷（現在の千葉県市川市真間）であるのだろうかということにこだわりたくなってくるのだ。

この小説は中国の短編小説集『剪燈新話』のなかの「愛卿伝」をもとにして書かれている。作品の舞台も原作では当然中国である。また、この「愛卿伝」を、秋成より前に日本語に翻案した浅井了意は、『伽婢子』の「遊女宮木野」で、この作品の舞台を「駿河の国、府中」ということにしてある。それなのに秋成が真間の郷にしたのはなぜだろうか。

それは、真間の郷という地名から、読者が無意識のうちに『万葉集』の中の愛に殉じた美女である真間の手児奈を思い浮かべることを計算しているからだろう。そして、読者の頭の中に生じた真間の手児奈の美しいイメージが「浅茅が宿」の女主人公宮木と重なり合って、ヒロインに美しい色彩を与えることを期待しているからだろう。死んだ後も幽霊となって夫の帰りを待ち続けた宮木を語ったこの小説の結末で、土地の翁が真間の手児奈のことに触れるが、ここで宮木と手児奈は完全に重なり合い、美しい愛の物語が完成するのだ。

こう考えてくると、言葉というのは事実を指し示すだけでなく、その語が醸し出す雰囲気、状況、気分というものも重要な働きをしていることに気づく。文学はそういう言葉の働きを使っているのだ。

たとえば、次のような歌を例にとってみよう。

見渡せば花も紅葉もなかりけり
浦の苫屋の秋の夕暮　　藤原定家

この歌の前半では花も紅葉もないということを言っている。ないものをいくら言っても仕方ないからこの部分は要らないというのは、文学と縁遠い人である。文学ではこの部分こそ大事なのだ。

つまり、「花」「紅葉」という言葉がいったん読者の頭の中に入ることによって、事実としてはその物がその場になくても、その言葉の残像が読者の頭の中に残る。花も紅葉も日本の自然を彩るもっとも美しい色彩である。その美しい色彩の残像が「浦の苫屋の秋の夕暮」と重なり合うと、この海辺の光景に何とも言えない雰囲気が生まれてくる。これが文学では重要なのだ。

定家は海辺の光景に言葉では言い表せないものを感じ取ったのだ。そこで、定家は、読者の頭の中を美しい色彩で染めることを試みた。黒板なら消してしまえば何も残らないが、人間の頭は違う。消した残像があるのだ。これが次の描写と重なり合う。これによって、定家は言葉では表現できないある種の雰囲気を海辺の光景に付与したのだ。

こう言っても、それでもなお、ないものはゼロだと主張する人はいると思う。そういう人は、この歌を「見渡せば猫の死骸もなかりけり浦の苫屋の秋の夕暮」というように置き換えてみると良い。ないものはゼロだという考え方からすると、定家の歌とこの歌とは同じ効果を現すはずである。しかし、読者の心に残る印象はまったく違うはずだ。この違いは残像の効果によるのである。

よく新興住宅地などで「緑が丘」という地名は耳にするが、「黒が丘」というのは聞いたことがない。これも残像効果である。緑のもっている生命感、清潔さ、将来性というものが良い印象を残すから、この地名が喜ばれるのだ。黒の持つ陰鬱な死のイメージを自分の住むところに付けたいとは誰もが思わないだろう。つまり、地名を付けるときに、黒を止めて緑を使うというのは、最小限の文学的行為である。

『雨月物語』の「浅茅が宿」が書き出しにおいて万葉集の美女を思い浮かべさせ、そこへ愛に殉じた女主人公を登場させるということを検討していると、このような文学の本質に関わる問題に直面する。つまり、文学とは何かということを掘り下げていくと、最終的には言葉の問題に帰着するのだ。そこで、言葉の働きということをもう少し掘り下げてみたいと私は思ったのだ。

　作品における言葉の働きは、小説でも、他の文芸でも同じように大切なことだが、短い文芸であれば一つの単語の持つ存在感の比重が大きくなる。文学の中における言葉の働きを考えてみるには、なるべく短い文学の方がよい。先に引用したのは定家の短歌だったが、これが俳句だったらもっと一単語の比重が大きくなるはずだ。こうなると、興味は必然的に俳句に向かい、俳句と言えばその代表者である芭蕉ということになるのである。

　例えば次の句などはどうだろう。

夏草や兵どもが夢の跡　　芭蕉

まず、「夏草」という語を出し、これによって、乱雑に繁茂する生命力の強いイメージを読者に植え付ける。しかも、夏草は秋になると滅びて行くはかなさもある。そしてこの後に、「兵ども」を出すと、兵に強い生命力とはかなさが残像として加わるのだ。これによって滅び去った兵が実感的に感じられることになる。

夏草がそこにあったから「夏草や」と言ったのだろうなどと考える人がいたら、その人は俳句を作る資格がない。芭蕉の前には、夏木立も夏の山も夏の雲もあったのだ。それらを使わず夏草を用いるのが俳句のもっとも大切な行為なのである。

文学における言葉の働きということを考え始めてみると、その素材としては俳句を論じてみるのがいちばん良いことがわかる。作品中における一語の比重が極めて高いから言葉の働きがよくわかるのだ。こうして私は次々と芭蕉の俳句を論じ始めた。つまり、秋成研究から芭蕉の句の研究に入っていったのである。ここからやがて手を広げて、蕪村や虚子を考えることになるが、とりあえずは芭蕉であった。

こうしたわけで私は俳句を扱い始めたのだが、俳句など、作ったことはおろか、読んだこともないので、良い悪いはまったくわからない。そこで、古典俳句の最高峰としての芭蕉をモデルにし、芭蕉の言語使用法を考え始めた。そして、手を広げるにあたっては、芭蕉の作品を百点満点のものとして設定し、その尺度で他の作者の作品も考えるようにした。こうした基準の立て方は今においても揺るがないのだが、次第に俳句の検討を近代にまで及ぼして行くと、虚子の作品がこの基準で満点の価値があることに気づいた。したがって、その後は基準を芭蕉と虚子の二人に置くようにした。

どうして、基準を二人にしたかというと、芭蕉の句は俳諧（いま言う連句）の発句として詠まれることが多いので、現代の俳句とは異なる部分が出てくるからだ。その点、虚子を加えておけば、俳句文芸のすべての基準になるのである。

俳諧の発句が、現在言うところの俳句とどう異なるのかという点については拙著『芭蕉の創作法と「おくのほそ道」』に述べてあるのだが、いまその部分を、ここでもう一度繰り返せば、挨拶性の強さということがある。

例えば、現代の俳人なら、次の二句のうちどちらかを句会に出すということになれば、当然、「荒海や」の句を選ぶだろう。この方が優れているからだ。

文月や六日も常の夜には似ず

荒海や佐渡によこたふ天の河

ところが、芭蕉は「文月や」の句は直江津の句会に出しているが、「荒海や」の句は曽良の「俳諧書留」に書き留められているだけで、句会には出していない。

それは「文月や」の句が挨拶性を持っているからだ。明日が七夕だと思うと、その前日である今夜もさすがに普段とはどこか違いますねという意にかぶせて、直江津の皆さんにお会いできた今晩は特別な夜ですねという挨拶になっているのである。だから、句会に出せる。しかし、「荒海や」の句はそういう挨拶性はない。俳諧の発句ではこの挨拶性が重要なのだ。これが、発句と俳句の違いである。

俳諧（いま言う連句）の席を活動の場とした芭蕉による発句と、句をいくつか持ち寄る現代の俳人の俳句とは使われ方も価値基準もことなるのである。このため、芭蕉だけを俳句の基準に考えていると、俳句文芸の評価の上で片寄りが生じてしまう。ここにおいてどうしても虚子の句を基準に加える必要が生じたのだ。いうまでもないことだが、虚子の句は、芭蕉の句に勝るとも劣らぬ優れたものなのである。こうして、私は江戸時代から近代初頭へかけての俳句を研究、評価してだんだんと俳句の面白味に嵌まっていった。

それまでの私の著書はすべて上田秋成に関するものであった。最初の本は『上田秋成文学の研究』（昭和五十一年、笠間書院）であり、二冊目は『雨月物語』の注釈書である『現代語訳対照・雨月物語』（昭和五十四年、旺文社文庫）であり、三冊目は『上田秋成　その生き方と文学』（昭和五十七年、春秋社）である。このあたりまで、私は完全に秋成学者であった。その後、秋成に触れた著書というのは、『江戸文学にみる人間の生き方』（平成二年、富山市教育委員会）と『待つ女の悲劇』（平成二十年、新典社新書）というような小さなものであって、本格的な秋成論は書いていない。

本格的な秋成論を書いた後に出した本は『芭蕉俳句の試み』（昭和六十年、南窓社）である。これは、あちこちの雑誌類に少しずつ書きためた芭蕉論をまとめたもので、このあたりではもう秋成とは縁遠くなっていた。つまり、芭蕉を通して俳句が面白くなってしまったのだ。それでも、さしあたっては芭蕉しか眼中になかったのであるが、これがあるきっかけから、現代の俳句に深入りすることになった。

それは大学時代の後輩である行方克巳君（現在『知音』代表の俳人）から句集を贈られたことであった。その頃、私は現代俳句には無関心であったのだが、行方君としては、先輩にも一冊配っておこうという程度の気持だったのだろう。私にも句集を送ってきたのだ。それまで現代俳句の句集など読んだことのなかった私にとって、これは新鮮で面白かった。そして、その感想を礼状として行方君に送った。そのあたりのことは、行方克巳君が『知音』（平成十九年六月号）に次のように書いている。

大輪さんは私にとって慶応の国文科の大先輩である。私が処女句集『無言劇』をお送りしたところ、実に作句の心理の裏まで穿った批評を書いて送って下さった。それまで誰にも書いてもらったことがないような、これこそが現代俳句の批評であると断言して何の不都合もないような文章であった。その後、清崎先生が「お前、『無言劇』の評を誰かに書いてもらえ」とおっしゃった際、一も二もなく大輪さんにお願いして『若葉』にすばらしい評論を書いていただいた。

こういう次第だから、行方君は、大輪を現代俳句に引っ張り込んだのは自分だと威張っている。

これがきっかけで、清崎敏郎句集『系譜』論、鈴木貞雄句集『麗月』論、伊東肇句集『青葡萄』論、西村和子句集『かりそめならず』論なども『若葉』に書いた。またこれと平行して深見けん二句集『花鳥来』論、高田風人子句集『走馬燈』論、『本井英句集』論などを『惜春』に書いた。そして、上智大学の紀要などに何回かにわたって書きためた花鳥諷詠論を一緒にして『花鳥諷詠の論』（平成八年、南窓社）として刊行した。

この本の第一部（前半）は、花鳥諷詠というものを自分なりに解明しようと試みたものであるが、いま読み返してみるとまだまだ理解が浅く不十分な点が多い。恥ずかしいものだ。

それゆえ、この過去の論を訂正し発展させるというのが、この後の課題となった。

芭蕉については、先に触れた『芭蕉俳句の試み』（平成二十六年、祥伝社）、『芭蕉の創作法と「おくのほそ道」』（平成二十六年、本阿弥書店）を出した。俳句論としては『俳句に生かす至言』（平成十四年、富士見書房）、『俳句の基本とその応用』（平成十九年、角川学芸出版）、『俳句という無限空間』（令和元年、文學の森）を出すことができた。しかし、俳句は奥が深いからなかなかこれだけでは終われない。まだまだ論じなければならないことがあるような気がする。いつまでも宿題を抱えているような気持だ。

四　俳句と自然

俳句はややともすると、花が咲いた、花が散ったというだけを言っているに過ぎないと言われる。確かに俳句は自然諷詠を基盤としている。というよりも、自然諷詠が正確になされるからこそ、単純な風景の描写にとどまらず、その背後にある大自然や、さらには大自然の中にある人間の情や姿勢がうかびあがってくるのだ。

もともと、日本の芸術は自然を再現するということが基本にあった。そして、その再現された自然に接するということが、ときには実際の自然に接すること以上に、大きな感動が得られたのである。

庭の場合で言えば、北村援琴の『築山庭造伝《つきやまにわつくりでん》』に、「茶人の庭は作りたると見えざるやうに、あるひは在家市中ながらも山林深谷へ入りたるやうに作りなすべし」とある。つまり、忠実な自然の再現であり、しかも、こういう庭は、本物の山林深谷に居るよりももっと山林深谷を感じ取れるものなのである。

庭を作ることは、もっとも普通に行われる自然の再現であり、すでに平安時代において、源融《みなもとのとおる》が六条河原院に塩釜の景を模した庭園を造ったり、大中臣輔親《おおなかとみのすけちか》が六条院に天橋立を模した庭園を造ったりした。これらの庭は、塩釜や天橋立が遠いからいつも見られるように身近に作ったということもあるだろうが、決して百分の一の実物模型というようなリアルなものではない。こういうリアルさはかえって作り物めいて自然味を損なうのだ。したがって、模したとはいっても、模型ではなく、塩釜なり天橋立なりから受ける感動を得ることができるよう、もっともその雰囲気を伝える要素を取り出して作られたものなのである。これらの庭は現在残っていないが、おそらく実際に塩釜や天橋立に接する以上に自然を感じさせるものであったに違いない。

生け花もまた自然の再現である。著者不明の『仙伝抄』には、「花をいるるといふは、菜籠のやうなるものに花を生けたるをいふ。野山にある体《てい》にいるるなり」とあり、千利休の『利休七ヶ条』には、「花は野にある様《やう》」とある。いずれも自然の再現ということを大切に考えている。

日本人の好む盆栽や山水画も、日本の古代からある和歌も、すべて自然の再現が大切に考えられていて、私たちはこういう芸術を通して自然に触れることを喜びとしているのである。ところで、これらの自然の再現というのは、本物の自然を復元するものではないということにも注意しておかねばならない。つまり、現在各所で行われているような里山の復活や、砂漠の緑化ということとは基本的に異なる。

つまり、芸術における自然の再現というのは、枠の中で自然を象徴する事象を描き出し、それを見る者に、その背後に広がる巨大な自然を想起せしめるということであり、それが芸術性に繋がるのだ。

庭はどんなに大きな庭園であっても、大自然に比べれば小さく切り取られた空間であるに過ぎない。生け花も器による小さな空間であるし、絵画も盆栽も和歌も、空間的には本当に小さなものである。その小さな空間に大自然を感じさせるものを表出してみせるのが芸術なのだ。里山に木を植えたり、水の流れを作ったりして、本物の立派な山に作り上げても、それは芸術ではない。

芸術には常に枠がある。その芸術の一つである俳句にも十七文字という枠がある。この枠は小さすぎてとうてい大自然を描き出せるものではない。だからこそ、十七文字の中で大自然を感じさせることができれば、その十七文字は立派な芸術になるのである。

荒海や佐渡に横たふ天の河　　芭蕉
此《この》木戸や鎖《ぢやう》のさゝれて冬の月　　其角
ふとん着て寝たる姿や東山　　嵐雪
一畦はしばし啼きやむ蛙《かはづ》かな　　去来
大原や蝶の出て舞ふ朧月　　丈草
なが〳〵と川一筋や雪の原　　凡兆
春の水山なき国を流れけり　　蕪村
五月雨やある夜ひそかに松の月　　蓼太
遠山に日の当りたる枯野かな　　高浜虚子
野は枯れて芦辺さす鳥低きかな　　河東碧梧桐
凩や海に夕日を吹き落す　　夏目漱石
芋の露連山影を正しうす　　飯田蛇笏

駒ヶ岳凍てて巌《いはほ》を落しけり　前田普羅
高々と蝶こゆる谷の深さかな　原　石鼎
紫陽花に秋冷いたる信濃かな　杉田久女
高嶺星蚕飼の村は寝しづまり　水原秋桜子
夏の河赤き鉄鎖のはし浸る　山口誓子
方丈の大庇より春の蝶　高野素十
さみだれのあまだればかり浮御堂　阿波野青畝
みちのくの淋代《さぶしろ》の浜若布寄す　山口青邨
みちのくの伊達の郡の春田かな　富安風生

これらの作品を見るに、どれも大自然のすべてを描き出そうというようなことはしていない。大自然の一部分を示し、それがそのときの自然を感じさせるいちばん良い事象であるために、その背後に広がる大自然が読者の身に迫ってくるのだ。

このように俳句を鑑賞することは大自然の中に身を浸すことでもあるのだ。私たち日本人は自然に身をゆだねることが好きだが、俳句を鑑賞するのはそういう境地を得ることでもある。

生け花では一輪の花を生けただけで、絵画では山を描いただけで自然を感じさせる。俳句は実物を持ち出すことはできないから、いちばん大切なものを言葉で読者に示すのだ。それは一つか二つの言葉に過ぎないがその言葉の重みが大自然を感じさせるのだ。

そして、部分を示して全体を暗示するというのは日本人にとっていちばん性情に合った方法なのだ。俳句はもちろんだが、他の芸術分野においてもすべてを表現し尽くさないということが言われている。

すべて何も、事の整ほりたるは悪しきことなり。

兼好（徒然草）

すべて画をかくに、墨画ばかりによらず、極彩色なりとも、
大方あつさりとかくべし。模様調はざるがよし。

土佐光起（本朝画法大伝）

言ひ残したる体なるが歌は良きなり。

正徹（正徹物語）

発句はかくの如く隅々まで言ひ尽すものにあらず

芭蕉（去来抄）

その像《すがた》を描くにも、また木に刻むにも、正真の形を似する内に、また大まかなる所あるが、結句人の愛する種とはなるなり。趣向もこの如く、本のことに似る内にまた大まかなる所あるが、結句芸になりて人の心の慰みとなる。

近松門左衛門（難波みやげ）

『去来抄』に記録されている芭蕉の言葉に、「謂《い》ひ応《おほ》せて何かある」（すべてを言い尽くしてしまったら何が残るというのか、何もなくなるではないか）というのがある。日本文化の根本はこの一言に集約されているような気がする。俳句はその典型であると言えよう。

おわりに

文学は教訓を垂れるために作られたものではない。しかし、多くの人が、小説、戯曲、詩歌などから生きる上の指針や教訓を得ている。小説に例をとれば、単に人間に接するというに留まらず、その人間の心の底まで見て取ることができるのである。これ以上に、人間に接する方法は普通あり得ない。ここから各人が自分に役立つ教訓を得ることは十分可能である。

小説作品をもとにしてそこから得られた教訓の具体的な体験を挙げて説明しようとすると、小説の内容紹介から始めなければならないので、相当の紙幅を必要とする。ここは、短くて済む俳句を例に取りたい。

芭蕉に「物いへば唇寒し秋の風」という句がある。この句は、ふと口を開き、何かを言ったときに秋の風の冷気を唇に感じ取ったという意味の句である。唇は敏感なところだから、一番先に秋の気配を感じたのだ。ところが出来上がった句を見ると、多弁によって我が身に寒さ（災難）が来るという意味が生じる。ここから、芭蕉は自戒のためにこの句を座右に置くということになった。

座右之銘
人の短をいふ事なかれ
己が長をとく事なかれ
物いへば唇寒し秋の風

芭蕉はこの句をこのように記録している。もともと芭蕉は観念を句にするのではなく、周囲の現実をそのまま素直に表現していることが多い。しかし、この場合は、そこから生じる意味を一人の読者として読み取り、さらにそれを己の啓発のために使っているのだ。句をどう読むかという読者の自由さを大切にしていて、自分もその中で解釈を楽しんでいるのだ。そして、それが己を律する教訓となっているのだ。

俳句のような短い文芸でも受け取り方によっては教訓が得られる。俳句よりずっと長く人間そのものに接することのできる小説や戯曲だったら、当然、人生の指針を読み取ることができる。文学に親しむことは、己の人生を豊かにすることである。

私はこうして文学と共に過ごし、文学を語ることを職業とし、今日に到った。私は文学からさまざまな「道」を得てきたのである。現在でも、九つの句会を行い、共に俳句を作りつつ、人間的触れ合いを楽しんでいる。私にとっては文学が「道」であった。

僧侶として歩みしわが道

角田　泰隆

伯父の生まれ変わり

私が僧侶として歩む道は、すでに生まれたときに決まっていた。

それは、昭和三二年（一九五七年）二月十五日、長野県の南、中央アルプスと南アルプスに東西を挟まれ、南北に天竜川が流れる伊那谷にある常圓寺という曹洞宗の禅寺に生を受けたときからである。寺の後継者として生まれたということもある、しかし、私はある方の生まれ変わりとして生まれ、育てられたと聞かされている。その方とは、戦死した私の伯父である。

伯父は、いま私が住職をしている寺の第二十六世として寺を継ぐはずであったが、学徒出陣で戦争に行き、フィリピンのルソン島で戦死している。伯父は博多から出兵するとき父親（私の祖父）に「後継住職の件につきましては、小生の死後は春雄弟に法系を継がせて下さい」という遺言とも言えるハガキを書いている。「春雄」というのは私の父の旧名である。

そして伯父は戦死し、父は無事帰還し、父が寺を継いで第二十六世、いや第二十七世となった。父は、実際には住職とならなかった伯父を寺の第二十六世の世代に据え、自分を第二十七世としたのである。

伯父は極めて優秀な学僧であった。以前、書庫を整理していたら、伯父の卒業論文が出てきた。道元禅師の『正法眼蔵』「仏道」の巻の研究であった。非常に優れた卒業論文で二十二歳頃に書かれたものとは思われなかった。しかも非常に達筆で、今の私も及ばない。

伯父は戦地で被弾して腰を痛め、病死している。餓死といったほうがいいかもしれない。死期を覚った伯父は最期に戦友と「最後のためにと取っておいた一にぎりの米」（おそらく軍服に縫い付けてあったのだと思う）を分かち食べたという。帰還したその戦友が次の様な手記を残している。

> 最後のためにと残してあった一にぎりの米を、君の為ならと僕に出してくれた時の気持、僕は一生忘れやしない。……衰弱の極にあった僕たちのむくんだ手足は疲れ果て歩みは

> 進まず、岩山に這い泥野を這い、草を摘んで虫を食《は》み、終には蛇もとかげもねずみも虫も僕たちの世界から姿を消してしまった。バッタを追う足にも不自由を覚える様になった。でも君はよく闘った。（中略）私の当番兵に心から読経を捧げてくれた翌日、両腕を胸に荒れ果てた戦野に静かに眠り給うた君の遺骸を抱いて、僕達はかつは悲しみかつは怨み滂沱として流れる涙を何ともできなかった。（『鎮魂の手記』一三三頁、平成七年十二月、ほおずき書籍）

私はよく伯父のことを念う。本当に生まれ変わりなのだろうか。苦しいとき辛いときには伯父が心に現れる。伯父は私に語りかける、「食べることができ、安心して眠ることができるだけで幸せじゃないか」と。伯父のことを念うと、苦しみに耐える力が不思議と湧いてくる。

私は性格や容姿も、学問を志していたところも、伯父によく似ていたらしい。祖母がよく「おまえは文雄（伯父の名）に似ている」と言っていた。父も私を伯父の生まれ変わりのように思っていたと思う。私がその後、学問の道に進むことに父は寛大であったのは、そんな思いからであったと思う。

寺の後継ぎとして育てられる

私が通った小学校は寺のすぐ隣にあった。六年間、一日も休まず、皆勤賞をもらった。多少の病気でも、顔だけは出したからでもある。忘れ物をしても、休み時間に家に取りに帰ることができた。隣の寺の息子ということで、先生方にはひいきされた。先生の独断で学級委員になったりした。歌が上手で小学校の合唱団に入れられた。毎日のように朝早く登校して練習したことを覚えている。全校生徒の前で独唱したこともあった。その快感は今も忘れられない。

私は泰隆（タイリュウ）という名前であるが、小さい頃は「ヤスタカ」と呼ばれていた。そのせいか、寺の息子ということで、（坊主頭ではなかったが）「ハゲタカ」とからかわれたこともあった。まあイジメというほどのことはなかった。とにかく真面目な生徒だったと思う。

中学校も、歩いて二十分くらいのところにあった。いまでもよく覚えているが、パンをちぎって遊んでいた友人に「パンにも命があるんだ、やめろ！」と注意して、「へー、パンに命があるんだってさー」と、皆の前で笑われたこともある（でも、今でも彼は私の親友だ）。寺の生まれということもあって、「食べ物には命がある」「命をいただいて生きている」「仏飯を頂いて生きているんだ」と教育されたことにもよる。そして、戦争で餓死した伯父のことをよく聞かされており、食べ物を粗末にすることは許せなかったのだと思う。

高校もすぐ近く（歩いて十分ほど）の高校に通った。また地元では結構な進学校であった。しかし、真面目で堅物であった私は、高校に入って、ちょっと不真面目な学生に変わった。「勉強は嫌いだ」とはばかりなく言って悪ぶるところもあり、担任の先生に叱られた。好きな先生の授業（「地学」）はとことんやり、学年で最高点をとったこともあった。一方で嫌いな科目は「生物」で学年で最低点を取った。やはり担任の先生に「生物が嫌いな奴は、ろくな坊主にはなれない」と叱られたことを今でも鮮明に覚えている。

小学校の頃、ある武道家と出会った。中学校、そして高校まで、この人に大きな影響を受けた。この人は九州男児で、武士の祖父に育てられた人で武道の達人であった。臨済宗の僧侶でもあり見性（いわゆる悟り）もしていた。いろいろな縁で長野県の伊那市にやってきて私の寺の一角に居候をしていた。宮大工の技術もあり、寺の境内にあった大きな物置を解体し、自分で道場を建て、そこで武道を教えていた。私も小・中・高とこの人から武道を習った。日本刀も作るような人で、道場の片隅でよく日本刀を研いでいた。

とにかくオールマイティーな人だった。何をやっても一流だった。武道は柳生心影流の免許皆伝で、運動能力に秀で、鉄棒をやれば蹴上がりや大車輪を見せてくれた。大学の医学部で学んだこともあるらしく、医学や漢方薬などにも詳しかった。音楽においても一流で、ピアノも弾き、街中の知人のお店をかりてフラメンコギターの教室もしていた。私もよく通ったものだ。今は近くの山里に大きな窯をつくって陶芸家をしている。

世の中にはこんな人もいるものかと、子どもながらに感心し尊敬していた。この人にはいろいろと影響を受けたように思う。

寺に生まれた私であるから、当然のことながら、高校の時から仏教の教義には興味をもっていた。今でも覚えているが、花山勝友先生の『学生のための仏教入門』という本を読んで、仏教というのはなかなか合理的な教えだと感心したのを覚えている。

高校での成績はといえば、入学当時は全学年生徒二四〇人くらいのうちの六〇番くらいであったが、しだいに順位が下がり、卒業の頃はたいがい二〇〇番台だった。とにかく高校時代は青春を謳歌した。剣道を楽しみ、ギターを弾き、フォークソングを歌い、エルシノアというオートバイが愛車だった。寺で生まれ育ったとはいえ、長髪でGパンをはく普通の高校生だった。勉強友達はおらず、遊び友達ばかりだった。

寺に生まれたので、すでに生まれた時に仏教と出会っていたのであるが、真に仏教と出会ったのは、大学に入学してからである。私は父や伯父の母校である駒澤大学に入ることが決まっていたように思う。父は私を駒澤大学で学ばせたかったのである。

仏教との出会い

駒澤大学には酒井得元という先生がいた。父が薫陶を受けた澤木興道老師の高弟である。父は入学するときに言った、「お前は酒井得元先生の教えを学ぶことになるだろう」と。果たして私は、駒澤大学に入学し、竹友寮という寮舎（修行道場のような寮舎）に入寮し、その寮長であり教授であった酒井先生に学ぶことになった。

大学に入って仏教の勉強を始めたときには、不遜にも「仏教はわかりやすい」と思った。実に合理的で科学的な教えだと感じた。それまで仏教は、頑張って信仰しなければならないものだと思っていた。〝必要ない人〟〝関係ない人〟〝信じない人〟がいると思っていた。しかし大学で学ぶ仏教は違っていた。〝必要だ〟とか〝必要ない〟とか、〝私は関係している〟とか〝関係ない〟とか、〝信じる〟とか〝信じない〟とか、そういうレベルを超えたものであると感じた。そして、このような仏教であれば、自信をもって人に語ることができると思ってからは、実に意欲的に仏教を学んだ。猛烈にやった。そして仏教学部禅学科を首席で卒業した。

「縁起説」とか「四諦説」とか「唯識説」とか「華厳教」とか、実に科学的で合理的で、あまり難しいとは思わなかった。しかし、道元禅師の『正法眼蔵』に接したときは驚愕した。読んでもほとんどわからない。酒井先生の『正法眼蔵』の授業もほとんどわからない。

酒井先生は威厳のある先生で、恐ろしくて質問などできない雰囲気があった。しかし私は少し変わっていたのだろうか、授業の後、質問したことがある。

「お前らに『正法眼蔵』がわかってたまるか」と一喝された。まったく、今では考えられないひどい教授である。しかし『正法眼蔵』はちんぷんかんぷんでも、酒井先生の講義は実におもしろかった。

「なんだいあの赤い衣を着てさ、きんきらきんの袈裟を掛けてさ、あれは、まるで仮装行列だぜ。君たち、真似するなよ！」

「蚊を払う払子（ほっす）を、格好つけて偉そうに振ってさ、煩悩を払うとか言ってさ。ありゃーちょっと考えもんだぜ……、わしも時々やっとるけどな。」

「今の葬式の引導は、あれはまるで弔辞だな。あれは仏法じゃないぜ。」

といった具合で、その毒舌が実に新鮮であった。そして、それが真実であると、妙に納得できた。

必修科目とか選択科目とか単位とかは一切関係なく、酒井先生の授業はすべて聴講するという意気込みで、学部の一年生から四年生まで、都合が付く限り、そのすべての授業を一番前の席で聴講した。いわゆる、おっかけをやったわけである。毎回、少し早めに教室に行き、黒板や教壇を綺麗に拭き、酒井先生を待った。やはり私はその当時、かなり変わった学生であったように思う。

仏教の現実に対する批判的な眼を私がもち得たのは、実に酒井先生のおかげである。現在の私は、酒井先生が批判されたような僧侶をしているが、しかしそれは、私によっていったん打ち砕かれた現実の仏教が、その私自身によって再構築されて意義付けられたものであって、無批判な慣習的な受用とはちょっと違うと自分では思っている。

もし、私が酒井先生にお会いすることなく仏教寺院の現実に何の疑問も持つことなく、何となく、なるがままに寺院住職となっていたら、大寺院の傲慢な住職になって、きっと大いに道をあやまったに違いない。

大学に入って、いろいろな授業で仏教の本来の教えを学び、そのすばらしさを知的に認識することができたことは何よりであったが、知的理解を超えて、仏教のとてつもない大きさを学んだのは、酒井先生の講義のおかげであった。

「超越する」という言葉は、よく言われるわりには何か意味不明であって、あまりむやみに用いないことにしているが、確かに酒井先生は「超越」の人であった。

「人間なんていうのはそんなもんだぜ。張り合いがあるから生きてるな。仏法には張り合いはないぜ。」

「『悟り』っていうのも所詮、迷いだな。」

超越の言葉が、私の脳裏にいくつか焼き付いている。

酒井先生は、授業でよく見かける私のことを、真摯な学生として評価してくださったようで、大学院（修士課程）に入ることを勧められ、修士論文の指導教授となってくださった。修了後は永平寺に安居することを勧められ、さらに永平寺から戻った時は、再び大学院（博士課程）に入ることを勧めてくださった。身に余る推薦文も書いてくださった。今も、そのコピーを大切にとってある。

永平寺から大学院に戻ったとき、二年間のブランクがあって試験を受けなければならなかった。受験を勧めてくれた酒井先生に「はたして大学院に合格できるでしょうか」というと、「おまえが落ちれば他の奴が一人合格するのだから、いいじゃないか。気にするな。」と言われた。そういう先生であった。そんな境界を生きられることこそ仏法の終着点だと思った。

私が、道元禅師一直線の道を歩むようになったのは、酒井先生の薫陶を受けたからである。酒井先生は、ひたすらに道元禅師を、それもその思想を専ら研究する私を、「ちょっと変わった奴」として評価してくださっていたようであり、かわいがってくれた。

大学院を終えた私に、曹洞宗宗学研究所に入ることを勧めてくださった。思えば、永平寺から戻る時も、大学院を修了する時も、「もう、いい加減、多忙な師寮寺に帰って師匠を助けなければ」と内心大いに迷うときも、常に酒井先生の「鶴の一声」があった。いつも酒井先生が有無を言わさず〝決めて下さった〟いや、〝決められてしまった〟のである。両親は反対できなかった。

とはいえ、私は、その節目節目に、熱意をもって師匠や母を説得した。私の背後にはいつも酒井得元先生という守護神がいた。師匠はとまどいながらも、しかし寛大にいつも私を許した。なにはともあれ、いまこうして、駒澤大学の教員をしているのも両親や酒井先生のおかげである。

本物の仏教との出会い

私が最も大きな影響を受けたのは、酒井先生の師、澤木興道老師である。私が今住職している寺には、私がまだ幼少の頃、毎年、澤木老師がお見えになっており、私も澤木老師に「おお、よしよし」と抱っこしてもらったりしていたというが、残念ながら覚えていない。師匠（父）は、澤木老師というお方はとてつもなく偉い方だったと言っていたので、大学に入ってからよく澤木老師の本を読んだものだ。本といっても提唱録である。自ら本を出版されるような方ではなかった。澤木老師の本を読んで、若いながら「これは本物だ」と思った。澤木老師は、ひとから「坐禅は何になる？」と質問されると「何もならぬ！」と答えたという。「何もならぬ」とは、〝人間のためにはならない〟ということであり、〝人間の欲望のためにすることではない〟ということである。坐禅に損得勘定を持ち込んではいけないということである。

悟りたい。悟って人から尊敬される人間になりたい。……すばらしい志のようではあるが、そんな思惑をもって坐禅をするのは、所詮、世法（人間の世界）の坐禅である。仏法（仏の世界）の坐禅ではない。澤木老師は言っている、

> 何にもならぬことをせいというのは人間界では全く意味のないことである。一週間坐禅して、何か得るものがあると、つまり公案の一つや二つ通るとか、見性するとか、……そうすれば張り合いがあるものである。そのような張り合いのよいのが好きなのが人間の世界である。それは仏法の世界ではない。
>
> 人間が仏法を取り扱うものだから、仏法までも人間界へ引きずり下ろしてしまう。そこに病が生ずるのである。

坐禅は安楽の法門というけれども、こんな足の痛いことをして、どこが安楽じゃという者がおる。坐禅をするのは、仏の修行された道だからするのである。仏道修行というのは、仏のまねをすることである。自分のかなう程度まねをすることである。そのまねを人間のために役立てようと思うのが禅病のおこるもとである。

と。

坐禅をやって何になる？　何かのためにならなければやらないというような者は、あえて坐禅をしなくてもよいのである。

確かに坐禅には効用がある。すばらしい功徳がある。だからこそ二五〇〇年以上も昔から今日に至るまで坐禅が行われてきたのであろう。しかし、そのような効用や功徳を求めて仏祖は坐禅をしたのではない。その効用を知っても、それを目的としてはいけない。なぜなら「求めず坐る」、そこにこそ真の功徳が現れるのである。これもまた蛇足である。

さて、坐禅においては、いかなる人間的欲求も、まず断ち切る必要がある。健康になりたい。病気を直したい。度胸をつけたい。何か特別の心境になりたい。他人より偉くなりたい。特別な能力を身につけて他人の関心を呼びたい、等々。人間的な欲求や希望は仏道を異質なものにしてしまう。

正しい仏教における修行は、他に認められるためにするのではない。それでは形式は仏法であっても内容は世法（世間の法）以下となろう。

ところで、仏法は他に認められるために行ずるのではないが、とはいえ、自分のためにするのかというと、そうでもない。仏法は自他を越えるのである。道元禅師は言う、「ただ、仏法のために仏法を修するのだ」と。

「ただ、仏法のために仏法を修する」。この言葉の意味を、よくかみしめなければならない。真に理解できる者は、道元禅師を少しく理解できた者と言える。が、これを実行することは、また実に難しい。

私は、これらの教えに出会って、これこそ本物だと思った。これらの教えは澤木老師の仏法であって、仏教の基本的な立場とは異なっているのかもしれない。もしかすると道元禅師の仏法とも異なる面があるのかも知れないと思うこともある。もしそうだとしても、私は澤木老師の多くの言葉に心を動かされたのである。

安心して悩め

恩師、酒井先生に『安心して悩め』という著書がある。何という変わった書名だろうか。

ここに酒井先生の教えの特徴がある。

一般的には、悩みや苦しみから解放される境界を求めるのが仏教であると考えられている。しかし、澤木老師の仏法を受け継ぐ酒井先生の教えはそうではなかった。悩んだり苦しんだり、そのような人生をそのままに生きる。とにかくありのままに生き切る、それに尽きる。悩み苦しむのも、生きているからこそだ。

生まれてきたこと、いまこうして生きているということ、この実に不思議な現実の中で、もし幸せや喜びを感じるならば、悲しみや苦しみや悩みも、ひとまとめにして受け入れなければならない。「安心して悩め」とは、そういうことであろうと思う。

「私たちの身体に、休日も平日もないぜ。身体には遊びの時間も仕事の時間もないぜ。常に働いている。この生命活動の現実、厳粛なる現実、これが『尽十方界、真実人体』だ。」

「尽十方界《じんじっぽうかい》、真実人体《しんじつにんたい》」とは、酒井先生の決まり文句だった。

「君たちは、自分で心臓を動かしているかい？　自分の意志で血液を循環させているのかい？　自分の意志で内臓を働かせているのかい？　そうではないぜ、自分の意志でやっているんじゃない。自分の身体は自分で思い通りになると思っているかも知れないが、思い通りにならないぜ。思い通りにならないのがほとんどなんだ。」

仏教ではよく言う、「私たちは生きているのではない、生かされているのだ」と。まあ、そういうことだろう。

酒井先生が倒れられ入院されたと聞いて、同僚の先生と二人で病院にお見舞いに行った。酒井先生は、既に全身不随の状況であったが、私たちを見て、わかってくれた。しっかりと眼を見て、ろれつが回らない小さな声で「おお、ありがとう」と仰った。そして、入れ歯を外した老人のように、口をパクパクと動かして何かを仰った。

「どんなに偉そうにしている奴でも、最期はこんなふうになるんだ。」

「よく見とけ、お前もいずれこうなるかも知れんぞ。」

私には、そんな恩師の言葉がはっきりと聞こえた。酒井先生らしい言葉だった。

私は酒井先生に認められた弟子ではなかったかも知れないが、とても目にかけてくださっていた。そして「『正法眼蔵』参究に専心しなさい」とよく諭された。後にある先輩の先生（やはり私が恩師と慕う先生）から聞いた話であるが、酒井先生は「あいつ（私）を駒澤大学に（教員として）残してもらいたい」と言っていたらしい。そんなふうに思っておられたとは有り難いことである。果たして私は駒澤大学に残ることになった。よく授業で酒井先生のまねごとを言うようなことがある。酒井先生のような気迫力が、私には具わっていないとつくづく思う。

おまえは坐禅坊主になれ

私が永平寺に修行に行ったのは昭和五六年、二四歳のときである。私は大学院の修士課程を終えてから修行に行ったので、同級生は既に二年先輩の古参であった。修行道場において二年の違いは大きく、新到（新入り）は古参（古株）と目を見て話すことさえできない。お互いに友達のようには接することができず、やりずらかった。表面的には叱咤されても、陰では皆な優しくしてくれた。

修行道場に入った雲水は、まず旦過寮というところに入れられる。修行のお試し期間である。お試し期間と言っても、朝から夜まで坐禅が続く。ここで修行に対する意気込みが試される。とにかく、眠っているときと食事の時以外は、坐禅をしなければならない。いや食事の時も坐禅して食べるのであるから、もう足が痛くて痛くてたまらなくなる。東司（トイレ）に行くのだけは許されるから、三十分に一度くらい、東司に行くことを口実に足を伸ばす。古参も「また東司か！」と皮肉を言いながらも、かつて自分も経験したことだから大目に見てくれる。

なんとか一週間ほどの旦過寮を終え、正式に入門を認められ衆寮に入ることができたときの喜びは大きい。そしてその時、お祝いに一本の「すりこぎ羊羹」（すりこぎの形をした羊羹で永平寺の名物）が振る舞われる。皆な、これをペロリと平らげる。その、なんとも美味しかったこと。

寺で生まれ育った私は、小さい頃から法事などでお供えされる甘いお菓子に囲まれて育ったので、かえって甘いお菓子は苦手なくらいであった。見向きもしなかった。永平寺へ上山する直前までは、である。しかし、たったの一週間で私の身体は変わってしまった。甘いものや炭水化物が食べたくてたまらなくなってしまった。羊羹を一本まるごと食べたのはこの時が最初で最後、これには我ながら驚いた。

入門が正式に許されて先ず身を置くところは衆寮というところで、鐘洒《しょうしゃ》とも言う。修行道場での「鳴らし物」（梵鐘とか）を担当する寮舎（部署）である。修行道場では一部の必要な人しか時計を持たず、ほとんどの雲水はさまざまな法具が鳴らされる音を聞いて行動する。

「ああ、もうすぐお昼だな」という具合である。

永平寺には、多くの参拝者（拝観者）や参籠者（宿泊者）が訪れるため、それらの方々に対応する雲水が必要であり、なかなか坐禅に親しむことが難しいが、この鐘洒は、坐禅を中心にした、古来の修行を行うことができる貴重な寮舎でもある。最初はこの寮舎でみっちりと修行し、それからさまざまな寮舎へと配属され、転々とするのである。これを転役という。

私の永平寺での転役は、鐘洒（鳴らし物係）二ヶ月、小庫院（台所）四ヶ月、監院寮（監院老師の行者）七ヶ月、侍真寮（道元禅師に仕える行者）六ヶ月であった。約一年七ヶ月間の修行生活であった。

小庫院では、さまざまな精進料理の作り方を学ぶことができた。それだけではない、台所での仕事が非常に重要な修行であることも学んだ。食材を何一つムダにしない。捨てるものはほとんどない。すべてをいただく。

その頃の日本は、台所のゴミの約四〇％は「食べ残し」で、その内、手つかずの食料が一五％ほどもあると言われていた。今もあまり変わりないかもしれない。そのような中で、禅の修行道場では食材を全て生かして食する、貴重な修行が行われていた。

しかしこの頃、私は自分自身の醜さを痛感するという苦い経験をした。いや今から思えば重要な経験であった。永平寺での食事は、朝は〝お粥〟と〝ごま塩〟と〝たくわん〟、昼と夜は〝ご飯〟と〝味噌汁〟と〝おかず〟（煮物とか和え物）が二品ほど、それだけである。肉や魚や卵など、動物性タンパク質は食べられない。もちろん牛乳なども飲めないし、ニンニクやニラなどの刺激の強い食材は口にしない。とにかく料理は精進料理であり、いつもお腹を空かせている状態であった。そのような私が、小庫院という、いわゆる台所に配属されたのである。周囲には食べ物が豊富にある。人目を盗んでは貪り食べることもしばしばであった。今でもあの頃を思うと懺悔の念に心が痛む。そのような罪を犯したから、案の定、重い脚気になり、足の甲の傷口（正座による足のまめ）が化膿して右脚全体が青く腫れ、歩けなくなり、入院するはめになってしまった。入院した時は医師から、「もう少し悪化していたら右脚を切断しなければならないところであった」と脅かされた。入院してしばらくは点滴をする毎日であったが、永平寺の厳しい修行生活から解放された三週間ほどの入院生活は、まさに極楽浄土であった。生まれてはじめての入院生活であったが、入院とはこんなに良いものかと、まことに不謹慎ながら思ったものだ。

とにかく永平寺での修行は、自分の醜さを痛感させられる修行であった。しかし、どうしようもない自分の醜さを痛感したことは得がたい経験であったと思う。

小庫院に約四ヶ月いて、次は監院寮に転役した。ここで私は、当時「監院《かんにん》」というお役をされていた宮崎奕保《みやざきえきほ》老師という師家に仕えることになった。後にこのお方が永平寺の貫首（住職）になられるのであるが、その時は知る由もなかった。例えれば「監院」とは総理大臣にあたり、「貫首」は天皇陛下のような立場である。

この宮崎老師（後の宮崎禅師）は、言わば叩き上げの修行者で、独特の雰囲気をもっておられた。その生き方も真っ直ぐなお方であったが、線香も真っ直ぐに立てないと注意された。宮崎老師は毎朝二時半頃起床され、三時頃には僧堂（坐禅堂）に向かわれた。皆が起床する三十分くらい前から僧堂で坐禅された。当時、行者は四人、四日に一度当番に当たると、二時には起床して宮崎老師がお部屋から出てこられるのを待ったものだ。そして、まだ真っ暗な回廊を明かりを灯しながら僧堂へと宮崎老師に付き従う。当時、宮崎老師は八十半ばであった。まだ僧堂の中では雲水達が眠っている、その外側の単（坐禅する場所）で、場所を一つ空けて坐禅をする。しばらくすると振鈴（起床の鈴）が鳴り、雲水達は起床して洗面し再び僧堂に入り坐禅をする。そこから約五十分の坐禅が行われる。この日は、宮崎老師の行者は、一時間半以上ぶっ続けで坐禅をすることになる。たまったものではない。当番は四日に一返であるが、宮崎老師はそれが毎日であった。日本の総理大臣は一番最後に着席するが、永平寺の天皇陛下は誰よりも早くから坐っていた。

　宮崎禅師に付き従って永平寺の中を歩いていると、老師はよく雲水の脱いだスリッパが乱れているとスリッパを揃えて何かブツブツと言う。扉がすこし開いているときちんと閉めて何かブツブツと言う。耳をそばだてて聞くと、何やら「スリッパが成仏した」とか「扉が成仏した」とか言っている。そのうちにこちらが気づかされるのであるが、スリッパや扉が「成仏する」というのは、スリッパをきちんと揃え、扉をきちんと閉めることができる人間が、成仏した人間であり、それをあたりまえにできる人間こそ「仏に成っている」のである。

　あるとき宮崎老師が言われた、「坊主にもいろいろな坊主がいる。布教坊主、法式坊主、政治坊主、学者坊主、梅花坊主、葬式坊主、いろいろな坊主がいる。泰隆和尚、おまえは坐禅坊主になれ！」と。この訓戒は今でも忘れはしない。しかし、結局私は「学者坊主」と「葬式坊主」になってしまった。

永平寺では毎年、布教大会がある。それぞれの寮舎から代表が一人選ばれて、布教の実演をして、一等から三等までが表彰される。その年、監院寮からは私が代表に選ばれた。このとき一等は古参の雲水で『正法眼蔵』「生死」の巻をすべて暗記してすらすらと語った。これには私も驚いた。二等は私よりも後輩の雲水であった。皆を笑わせる実に愉快な法話であった。三等は私であった。私は達磨の「二入四行論《ににゅうしぎょうろん》」を題材にして禅の教えの特徴を語った。おそらく学者の講義のような法話であったのではないかと思う。宮崎監院老師は審査員の一人であったが、「おまえのが一番よかったぞ」と褒めて下さった。このころから私は「学者坊主」の片鱗を示していたのかも知れない。

私が監院寮にいたころ、姉が結婚するという知らせが来た。結婚式に出席するために二、三日の外出を願い出たが、宮崎老師はそれを許してくれなかった。その時の宮崎老師の言葉は今でも覚えている。「結婚式に出席してお祝いの挨拶をしたり拍手したりするのが本当の祝福なのか？　おまえがこの永平寺で専ら修行していることがお姉さんへの最高の祝福ではないのか」。私は結婚式への出席を断念した。そして修行の何たるかを悟った。

宮崎老師との出会いは、私にとって掛け替えのないものであった。

監院寮にて七ヶ月を過ごし、次は承陽殿に転役した。承陽殿とは道元禅師の霊廟で、ここで種々の法要を勤める真行《しんなん》という役になった。道元禅師が大好きであった私が、道元禅師の墓守になったのである。この寮舎では、道元禅師が今も生きておられるかのようにお仕えするのである。朝は「不審《ふしん》」（おはようございます）の挨拶をし、夜は「珍重《ちんちょう》」（おやすみなさい）の挨拶をする。

数日に一返、当番に当たると、深夜零時半に起床し、白山水を汲んで鉄瓶に入れ、炭に火を熾してお湯を沸かし、そのお湯でお茶を点てて道元禅師にお供えする。ガス台で沸かせば数分でお湯は沸くが、炭に火を熾してお湯を沸かすのには一時間以上かかる。そんなことを毎日やっている。皆が起床するのは午前三時半。その前に、当番は一人で堂宇をすべて清掃し、お茶などをお供えし、法要の準備を整える。それが修行である。この役に就いていることとは私にとって実に有難く誇らしいことであった。その当時、永平寺の中を颯爽と歩いていたのが思い出される。

この承陽殿での約半年の修行を終え、私は永平寺を下りることになるが（実は私自身の結婚が決まっていたのである）、そのお願いに伺ったとき、宮崎老師は私が永平寺を去ることをなかなか許してくださらなかった。「おまえはずっと永平寺にいろ」と言われた。生涯独身で「坐禅坊主になれ」ということだったのだと思う。しかし、私にはそれだけの覚悟がなかった。宮崎老師は、願い出て三回目にやっと許してくださり、私は永平寺を下りることになった。

母校へ奉職する

僅かに一年半ほどの修行であったが、永平寺での修行は私の僧侶としての人生にとって貴重な体験となった。とにかく自分の弱さ、煩悩、醜さを痛感した。伝教大師最澄は「愚が中の極愚、狂が中の極狂、塵禿の有情、底下の最澄」と自らのことを語ったが、その述懐を少しは知ることができたように思う。このことは大きかった。

永平寺から寺に戻った私は、約半年間受験勉強をした。永平寺での修行は、専ら修行であって学問からは縁遠いところであったため、学問モードに戻すのは簡単ではなかった。それでもなんとか駒澤大学大学院博士課程に合格して、再び大学に戻った。そして三年間在籍し、駒澤大学内にあった曹洞宗宗学研究所に入所してその後七年間ここで研究に没頭した。この期間が私の人生において最も勉強した時代である。三十本以上は論文を執筆したと思う。

平成五年（一九九三年）、三十六歳の時、母校駒澤大学（東京都世田谷区駒沢）に奉職した。とはいえ、この年から平成二一年までは同大学内にあった駒澤短期大学仏教科に籍を置いていた。私の専門分野は「宗学」（曹洞宗に関する学問研究）特に「道元禅師研究」である。それも『正法眼蔵』という難解な著作の研究が中心である。私は道元禅師のことしか知らない。そして、専門とは言え、その道元禅師のことも熟知しているわけではなく、『正法眼蔵』も未だにわからないところが多い。なさけない。平成二七年（二〇一五年）に刊行した『道元禅師の思想的研究』（博士論文）も、この私がよくも書けたものだと、われながら感心する。

とにかく道元禅師の教えを信奉しており、道元禅師を批判する者がいると黙っていられなかった。かつて三十年ほど前、駒澤大学で道元禅に関する世紀の論争があったとき、「道元禅師に誤りはない」などと「宗祖無謬論」を唱え、また「釈尊より道元禅師を信じる」などと言って顰蹙を買ったこともある。若気の至りである。今でも自分では常識的な人間だと思っているが、かなりの「変わり者」なのかもしれない。

さて、駒澤大学奉職後、師匠が健在のうちは、東京での大学勤務が中心であり、土・日・祝日と寺の行事（坐禅会など）があるときは寺に戻るという生活をしていたが、師匠が遷化し平成十五年に住職となってからは、長野県にある自坊と、東京にある大学とを頻繁に往復する二股生活が続いている。長野県にある自坊は、長野県下でも有数の大寺院であり、年間百数十の葬儀がある多忙な寺であり、寺院住職に専念しなければ檀務をこなすことができないような寺である。片や大学の専任教員として大学での週七、八コマの授業や諸業務を務めなければならない。自ら選んだ道であるので仕方ないが、かなり過酷な生活が二十数年続いている。大学の同僚は「あなたはタフだ」と感心してくれるが、大学でも寺でも、どちらも中途半端で（というか充分な役割を果たせておらず）迷惑をかけることが多く、まことに周囲の理解と協力があってこそ、なんとかやっているような状況で、感謝の言葉しかない。

かつて宮崎老師は、「おまえは坐禅坊主にななれ！」と仰ったが、結局、半分は「学者坊主」（よく言えば「学僧」）、半分は「葬式坊主」（よく言えば檀信徒と共に生きる僧侶）となった。少しは「坐禅坊主」も「布教坊主」もするが、なんとも中途半端である。

おわりに

越前喜六神父とは、禅キ懇（禅とキリスト教懇話会）で出逢い二十年近くになる。そしてこの度、本書への寄稿をご依頼いただいた。まことに有難い御縁である。

かつて江戸時代の碩学、面山瑞方は「ただ永平（道元禅師）の面を見て、他の面を見ず」と語っているが、それにはとうてい及ばないながらも私も「道元禅師ひとすじ」の道を歩んできたように思う。越前神父は仏教や禅の教えに対して実に寛容であるが、やはり「キリスト教ひとすじ」の方であると私は思う。信仰する宗教は異なれども、同じ霊性を感じる。そしてその霊性には感服させられるのである。以前、越前神父に拙著『禅のすすめ――道元のことば』を差し上げたことがあるが、さっそく通読して下さり数千字に及ぶ感想をお書きになりお送り下さった。ほんとうに恐縮した。キリスト教と禅（道元禅）の共通点を中心に、お教え頂いたことを記憶している。

さて、「僧侶として歩みしわが道」という題名も越前神父からいただいたが、私は大した道を歩んできたわけでもなく、僧侶としても学者としても人間としても実に中途半端である。また、僧侶としての道、禅僧としての道からいえば「悟り」ということが重要であるが、私は未だに悟っていない。かつて、真剣に悟りを目指していた時期もあるが、澤木老師の教えに出会って「悟り」もどちらでもよくなってしまった。酒井先生に「悟りっていうのも、所詮、迷いだな」と言われて、妙に納得してしまった。それも一種の悟りであったかも知れないが、所詮ナマ悟りである。

今は、できるだけ仏の教えに従って生きたいと思っている。ただそれだけである。そしてそれがこれからの「僧侶として歩みしわが道」となるはずだ。

思えば、たいした人生ではないが、それでも私は、これまでの人生を考えたとき、私には出来すぎの人生だと思っている。私は自分の実力以上の人生を生きることができた非常に幸運な人間だと思う。ほんとうにそう思う。

私の師匠（実父）は死ぬとき、「私としては上出来な人生だった」と言った。そして私も死ぬときはそう言って死んでいくかも知れない。いや、できれば余生を真っ当に生きて、最期にそう言えるような余命を生き切りたいと思っている。

あとがき

今から五五年前の一九六五年に、ローマにおいて四年間、教会の刷新と現代化をスローガンに掲げて討議が行われていたローマ・カトリック教会の革新的な会議、第二ヴァチカン公会議が閉幕した。その頃、わたしは東京のイエズス会神学院で、Ｊ大学神学部の大学院課程にいた。翌年の一九六六年に司祭に叙階されたが、そこで変革の一つであった、典礼文の母国化が行われた。それでわたしは初ミサをラテン語と日本語で捧げたのをよく覚えている。

この公会議の成果のひとつが、諸宗教対話であった。それまでは何千年もの間、宗教・宗派間の対話や交流は、ほとんどなかったと言ってもよい。そればかりか、教相判釈（きょうそうはんじゃく・仏教語）と言って、どの宗派の教えが真実で、より優れているかという見方や優劣論争が流行っていた。わたしがカトリックの洗礼を受けた一九四九（昭和二四）年頃は、カトリックの宗教のみが神の御子・主イエス・キリストが啓示した神の宗教であるがゆえに、絶対的な真理であると教わった。これが第二ヴァチカン公会議で変わったわけではないが、しかし、神とは存在であり、生命であるならば、神の真理や真実は、あまねく万物のあらゆる諸相に無限に多様な仕方で反映されているはずだという見方に変わって、宗教・宗派の優劣はそれほど重要なことではなく、大事なのは、個性豊かな人間にとって、一人ひとりの自分にとって何が益になり、プラスになるかということではないかという真実や法則に気づいたのである。わたし個人にとっては、カトリックが益であるし、イエズス会が好きなのだ。こうして、具体的にはさまざまな分野で対話や交流が行われるようになった。

その一つが、エキュメニカル運動ではないかと思う。その時、オブザーバーとして公会議に招かれていたクエーカー派（フレンド派、創始者G・フォックス〈イングランド・一六二四―九一〉）のダグラス・スティアー博士の音頭で、日本の仏教界、キリスト教界から錚々たるリーダーたちが集まって、「禅とキリスト教懇談会」という各人、各派の霊性（スピリチュアリティ）を分かち合う対話集会が始まった。それが毎年、夏頃、三日間の合宿形式で継続して開かれてきた。組織体でもなく、規約もなく、会長や役員もいるわけでもないのに――むろんお世話する代表幹事や幹事補佐はいるが数年ごとに交替している――今年（二〇二〇年）で第五四回の集会を開くことができたというのは、何とも不思議な会だと思わざるを得ない。世間ではありえないことだろうと思うので、一種の奇跡ではないか、とわたしは考えている。キリスト者としてお節介なことを言うと批判されるかも知れないが、わたしは四〇年以上もこの会合に毎年参加してきて、この会合が神の特別な恵みの中にあるような気がしてならないのだ。卓話を通してお互いの霊性体験を語り合うだけで、宗教・宗派の優劣を論じるわけでもなく、いわんやお互い勧誘したり、折伏したりするわけでもなく、ただ忌憚なく自分の宗教体験を語り、それをめぐって対話し合うだけなのに、何とも言えないスピリチュアルな薫風を感じるのである。

三日間の霊的対話と懇親を終えて、メンバーは帰途につくわけであるが、十人位はその後、オプショナル・ツアーに出掛ける。二〇二〇年の禅キ懇は、富士山の裾野にある聖心会というカトリックの女子修道会が経営する不二聖心女子学院に隣接するマリア修道院という黙想の家で行われたので、希望者のツアーは、浜松市にある方広寺という臨済宗方広寺派の大本山を訪ねることになった。実は、そこの安永祖堂管長は、仏教学者で花園大学の教授であられたが、宗門の推挙により管長（終身）となられた方である。幸い禅キ懇のメンバーでもあるので、ご多忙にも関わらず、法話を伺った後、深山幽谷の中に建てられている大本山方広寺の開山堂、開山無文元選禅師御廟（慰霊塔）、らかんの道、哲学の道、七尊菩薩堂〈国の重要文化財〉、石橋と五百羅漢、釈迦三尊、本堂、上天台舎利殿、三重の塔、半僧坊真殿などどれも歴史的にも重要な伽藍や建造物を拝観することができたのは、何にも替えがたい尊い体験であった。特に印象に残ったのが、管長さんから伺った半僧坊総本殿のお話であった。

伺ったところによれば、半僧というのは、出家でもなく、俗人でもない方々ということらしいが、彼らの信心とご祈祷によって、さまざまな奇瑞やご利益があったということである。この後、下山して浜松市に戻ったが、浜名湖で養殖されているウナギ料理の接待に与かった。最高に美味しく、また楽しい団欒の一時であった。改めて紙上を借りて、管長様に感謝申し上げたいと思う。

　今年は、新型コロナウイルスの感染・拡大で、わたしどもの生活スタイルはまるっきり変わった。対策として三密（密集・密接・密着）を避け、手洗い、距離を保つ、人モノ人の伝染なので、殺菌・消毒の徹底など、日常生活で気をつけなければならないことが多い。有効なワクチンが製造され、普及するまで、コロナと共存しながら、感染しないように気をつけなければならない。わたしは宗教家なので、もうひとつ重要なことを申し上げたい。それは祈祷である。方広寺に参詣したとき、熱心な祈祷があった。神はすべてにおいて、すべてを治めていらっしゃるが、だからといって、人間は一人ひとり自由な意志を有する人格であるから、人の思考や決断や選択に干渉されない。しかも、人間の思考・感情・意志は創造力を持っている。だから、コロナに対しても、どういう意識（創造力を持っている）で立ち向かうかによって、結果が異なってくるだろう。そこで読者にお勧めしたいことは、確信をもって祈ることである。信者であるかないかには大きく関係しない、とわたしは思っている。というのは、小学校低学年のとき、学校でいじめられたので、信者ではなかったが、聖母マリアのご絵の前で、神さま、聖母マリア様、いじめられるので、学校には行きたくありません。どうかわたしを助けていじめられないよう守ってください、と熱心に祈ったことがある。そして、学校に行ったが、それ以降、いじめられたことがなかった。これはわたしの実際の体験であるが、誰でも神の子どもであるから、必ず聞き入れられると確信して、感謝しながら、熱心にお祈りをすることである。諺にも「苦しい時の神頼み」とあるではないか。わたしたちはもっと神さまを愛と信頼と感謝の念をもって、利用すべきではないだろうか。新型コロナに感染しませんようにとか、一刻も早く終息しますようにとか、祈ったらどうだろうか。わたし自身は、毎日祈っている。

新型コロナウイルスの世界的な感染拡大にどんな「時のしるし」があるのかわからないが、人類に何らかの「気づき」があったとすれば、意義があったと言うべきだろう。最後に改めて有事にもかかわらず、また多忙にもかかわらず、貴重な玉稿をお寄せ下さった執筆者の方々に改めて厚く御礼申し上げる次第である。読者に生きる上での何らかのヒントを与えられることは確かだと感じている。

とりとめもない「あとがき」になったが、最後に、今回も編集から出版、販売、宣伝に至るまで、真心をこめて一生懸命、本書の出版にご尽力くださった教友社の阿部川直樹社長に深甚の御礼を申し上げるものである。編集担当者によると、キリスト教関係の書物の出版いあたって、これだけの執筆スタッフをそろえ、さまざまな角度から物事や事象を論じ、語る書物は珍しいし、教会内外の評判も良く、書籍のあまり売れない今日でも数千部は売れる可能性があるとのコメントを頂戴していて、編著者としてこれに優る喜びはないと感じている。一言、感謝のうちにご報告する次第である。

令和二（二〇二〇）年九月二二日　秋分の日

編著者

年)、『Incarnation in the Simulation: Liturgical Active Participation in the Digital Era』(『カトリック研究』2020 年 89 号)など。

山内　保憲(やまうち・やすのり)

イエズス会司祭。上智大学神学研究科、史学研究科修士課程修了。

現在、イエズス会ロヨラハウスで高齢の会員の世話をしつつ、2018 年から 2020 年 8 月までクリストレイ設立検討委員会で調査を担当。2019 年 10 月よりイエズス会日本管区使徒職検討委員会委員長として管区計画を担当。

大輪　靖宏(おおわ・やすひろ)

1936 年東京生まれ。慶應義塾大学文学部卒業・同大学院修了。上智大学名誉教授・文学博士。日本伝統俳句協会副会長。国際俳句交流協会副会長。『輪』主宰。上智句会代表。
著書:『上田秋成文学の研究』(笠間書院)、『上田秋成　その生き方と文学』(春秋社)、『俳句の基本とその応用』(角川学芸出版)、『なぜ芭蕉は至高の俳人なのか』(祥伝社)、『芭蕉の創作法と「おくのほそ道」』(本阿弥書店)、『俳句という無限空間』(文學の森)など。
句集:『大輪靖宏句集』(横浜俳話会大賞・平成 28 年度横浜文学賞)、『海に立つ虹』(與謝蕪村賞、文學の森準大賞)、『月の道』など。

角田　泰隆(つのだ・たいりゅう)

曹洞宗僧侶。長野県伊那市常圓寺住職。駒澤大学仏教学部教授。専門は曹洞宗学。特に道元禅師の思想的研究。博士(文学)。
著書:『道元禅師の思想的研究』(春秋社)、『道元入門』(角川ソフィア文庫)、『禅のすすめ──道元のことば』(角川ソフィア文庫)、『坐禅ひとすじ』(角川ソフィア文庫)『ＺＥＮ──道元の生き方』(日本放送出版協会)、『本山版訂補　正法眼藏』(編、大法輪閣)など。

片柳　弘史（かたやなぎ・ひろし）

イエズス会司祭。慶応大学法学部卒業、上智大学神学部神学研究科修了。現在、山口県のカトリック宇部教会にて司牧活動。マザー・テレサに勧められて司祭となる。
著書：『世界で一番たいせつなあなたへ』（PHP 研究所）、『マザー・テレサは生きている』（教友社）、『カルカッタ日記』（ドン・ボスコ社）、『こころの深呼吸～気づきと癒しの言葉 366』、『あなたはわたしの愛する子～心にひびく聖書の言葉』（教文館）。

角田　佑一（つのだ・ゆういち）

イエズス会司祭。神学博士。上智大学神学部常勤嘱託講師。専門分野は教義学、エキュメニズム、諸宗教の神学、諸宗教対話。
論文：「清沢満之『臘扇記』における『意念』の内的構造」（『宗教研究』93 巻 1 号、2019 年）、「イエスの内面的成長についてのキリスト論的考察――ペルソナと意識の関係」（原敬子、角田佑一編著『「若者」と歩む教会の希望　次世代に福音を伝えるために』日本キリスト教団出版局、2019 年）。

英　隆一朗（はなふさ・りゅういちろう）

イエズス会司祭。上智大学神学部神学研究科修了。現在、東京・四谷の聖イグナチオ教会主任司祭。専門は霊性神学。黙想指導にも取り組む。
著書：『道しるべ――霊的生活入門』（新世社）、『祈りのはこぶね』（ドン・ボスコ社）、『息吹をうけて』（夢窓庵）、『希望の光――危機を通して、救いの道へ』（オリエンス宗教研究所）、『イエスに出会った女性たち』、『黙示録から現代を読み解く』（女子パウロ会）

フィルマンシャー・アントニウス（Firmansyah Antonius）

イエズス会司祭。1977 年、インドネシア生まれ、1995 年インドネシアでイエズス会入会、2002 年来日、2009 年司祭叙階。2014 年神学博士、現代上智大学神学部嘱託講師。専攻は典礼神学、司牧的典礼。
論文：『The Role of Liturgy in Promoting a Meaningful Symbolic Engagement in our Globalized World』（『カトリック研究』2017 年 86 号）、『Sacred Space and Cultural Symbol: Cultural Exegesis of Japanese Church Architecture』（Journal of Asian Orientation in Theology Vol.1, No.02, 2019

著者紹介（掲載順）

デ・ルカ・レンゾ（De Luca Renzo）

イエズス会司祭。上智大学文学部哲学科、上智大学大学院神学科卒。九州大学大学院国史学科研究科修了。元日本二十六聖人記念館館長。キリシタン史専門。現在、イエズス会日本管区管区長。
著書：『旅する長崎学（1）』（共著、長崎文献社）、『神に喜ばれる奉仕　十二人の信仰論』（編著、サンパウロ）、『祈り』、『愛』、『希望』、『癒し』、『知恵』（編著、教友社）。

ホアン・アイダル（Juan Haidar）

イエズス会司祭。上智大学神学部教授。専攻は現代哲学、ユダヤ思想。
論文：「善人の希望――W・ベンヤミンの歴史観」『希望に照らされて』（日本キリスト教団出版局）、「ユダヤ教におけるメシア理念の理解」『宗教的共生の展開』、『知恵』（編著、教友社）など。

越前　喜六（えちぜん・きろく）

イエズス会司祭。上智大学哲学研究科および神学研究科修士課程修了。上智大学文学部教授を経て上智大学名誉教授。専攻は人間学・宗教学。
著書：『必ず道は開かれる』（日本キリスト教団出版局）、『多神と一神との邂逅――日本の精神文化とキリスト教』（共著、平河出版社）『人はなんで生きるか』（聖母の騎士社）、『わたしの「宗教の教育法」』（サンパウロ）、『神に喜ばれる奉仕』（編著、サンパウロ）、『祈り』、『愛』、『希望』、『霊性』『知恵』（編著、教友社）など多数。

菅原　裕二（すがわら・ゆうじ）

イエズス会司祭。上智大学法学部卒業。教皇庁立グレゴリアン大学教会法学部博士課程修了、同教授。専攻は奉献生活会法、教会財産法。
著作：『イエスの語った希望のことば』『イエスの愛、イエスの足跡』（女子パウロ会）、『教会法で知るカトリックライフ』（ドンボスコ社）。記事は教会法の分野を中心に日本語、イタリア語、英語などで多数。

道――わが道を往く――

発行日………2020 年 11 月 24 日 初版

編著者………越前喜六

発行者………デ・ルカ・レンゾ

発行所………イエズス会管区長室

102-0083 東京都千代田区麹町 6－5－1

TEL03 (3262) 0282　FAX03 (3262) 0615

発売元………有限会社 教友社

275-0017 千葉県習志野市藤崎 6－15－14

TEL047 (403) 4818　FAX047 (403) 4819

URL http://www.kyoyusha.com

印刷所………株式会社モリモト印刷

ISBN978-4-907991-64-7　C3016